基于用户体验的文创产品设计

刘 林／著

吉林大学出版社
·长春·

图书在版编目（CIP）数据

基于用户体验的文创产品设计 / 刘林著. -- 长春：吉林大学出版社, 2022.9
ISBN 978-7-5768-1028-8

Ⅰ.①基… Ⅱ.①刘… Ⅲ.①文化产品—产品设计 Ⅳ.①G124

中国版本图书馆CIP数据核字(2022)第209051号

书　　名：基于用户体验的文创产品设计
JIYU YONGHU TIYAN DE WENCHUANG CHANPIN SHEJI

作　　者：刘　林
策划编辑：张宏亮
责任编辑：董贵山
责任校对：魏丹丹
装帧设计：雅硕图文
出版发行：吉林大学出版社
社　　址：长春市人民大街4059号
邮政编码：130021
发行电话：0431-89580028/29/21
网　　址：http://www.jlup.com.cn
电子邮箱：jldxcbs@sina.com
印　　刷：长春市中海彩印厂
开　　本：787mm×1092mm　1/16
印　　张：11.5
字　　数：200千字
版　　次：2023年1月　第1版
印　　次：2023年1月　第1次
书　　号：ISBN 978-7-5768-1028-8
定　　价：68.00元

版权所有　翻印必究

内容简介

本书从用户体验角度出发，重点阐述了用户体验、文创产品设计的相关知识，内容丰富，结构合理，既给出了系统、全面的理论体系，又提供了丰富的实践案例。全书共五章，具体包括：用户体验概述、文创产品的设计现状与趋势、文创产品设计中用户体验的五个层次、基于用户体验的文创产品设计流程、基于用户体验的文创产品设计案例。本书既适合高等院校设计专业师生使用，也可以作为相关文创产业从业人员的参考用书。

目 录

第一章 用户体验相关概述 ·········· 1
 第一节 用户体验的发展历程 ·········· 1
 第二节 用户体验的分类 ·········· 9

第二章 文创产品的设计现状与趋势 ·········· 38
 第一节 文创产品的内涵与外延 ·········· 38
 第二节 文创产品设计的现状和主要问题 ·········· 45
 第三节 文创产品设计的发展趋势 ·········· 54

第三章 文创产品的表达与设计 ·········· 72
 第一节 文创产品的表达 ·········· 72
 第二节 文创产品的设计 ·········· 78
 第三节 文创产品的设计程序 ·········· 81

第四章 基于用户体验理念的文创产品设计 ·········· 85
 第一节 基于体验理论的文创产品设计 ·········· 85
 第二节 基于多感官体验理念的传统手工文创产品设计 ·········· 104
 第三节 基于用户体验蜂巢模型的公共图书馆文创产品
    开发模式 ·········· 122

第五章　基于用户体验的文创产品设计案例……129
第一节　博物馆文创产品案例……129
第二节　旅游文化文创设计案例……145
第三节　豫剧文创产品设计案例……166

参考文献……177

第一章 用户体验相关概述

第一节 用户体验的发展历程

一、用户体验的概念和价值

（一）用户体验的概念和理解

用户体验的定义最早是在ISO 9241-210：2010提出的（现在被ISO 9241-210：2019取代）。随着用户体验的发展，其定义也在不断完善。最新的定义是"用户体验是指用户对系统、产品或服务的使用或预期使用的感知和反应（ISO 9241-11：2018）"。定义有以下四个注释。

1. 用户的感知和反应包括用户在使用前、使用中和使用后的情绪、信念、偏好、感知、舒适、行为和成就。

2. 用户体验是系统、产品或服务的品牌形象、示范、功能、系统性能、交互行为和辅助功能的结果；用户体验还取决于用户的内心和身体状态，这是由以前的经验、态度、技能、能力、性格和使用环境造成的。

3. "用户体验"一词也可以用来指能力或过程，如用户体验专业人员、用户体验设计、用户体验方法、用户体验评价、用户体验研究、用户体验部门等。

4. 以人为本的设计只管理交互系统设计产生的用户体验。ISO 9241-11：2018重写了Note3，将"用户体验"定义为一种能力和过程，特别列举了用户体验设计、方法、评价、研究、用户体验部门等应用词汇，顺应了用户体验的快速发展，在一定程度上体现了"用户体验"的工作范畴。此外，增加了注释4，一定程度上说明用户体验的概念已经开始拓展，并不局限于"以人为中心的设计"的范围。

根据用户体验的定义，在不同的语境下，一般从以下三个角度来理解。

1. 用户体验是一个过程，即用户与系统、产品或服务的交互过程，贯穿产品或服务开发、设计、销售、使用、跟踪、收尾的整个生命周期。例如，"用户体验设计"是指"用户与系统、产品或服务之间的交互过程"的设计。

2. 用户体验是一种结果，是用户对系统、产品或服务的使用或预期使用所产生的，结果的具体表现是感知和反应等心理或生理活动；ISO 9241-220：2019的产品体验质量和"以人为中心的质量"的定义——满足可用性、可及性、用户体验和避免使用危害的程度，都是从这个角度出发的。此时，用户体验是系统、产品和服务的质量特征，可以通过心理学和人机工程学的相关工具进行评估。

3. 用户体验是一种职业能力，包括用户体验研究、设计、评估、测试、管理、客户体验和体验经济等。例如，用户体验行业可以理解为"使用用户体验的专业方法来优化人与系统、产品和服务之间的交互过程的各种组织和人员的集合"。

（二）用户体验的价值

1. 个人价值

作为个体，他每天都在与产品、系统或服务进行交互，通过这些行为，他可以完成任务，实现目标。因此，产品、系统或服务设计的质量直接影响他们的互动结果和情感。好的体验设计可以让用户顺利高效地完成任务，并从中感受到愉悦。

2. 市场价值

用户体验在商业组织中开始并繁荣。目前，商业机构是用户体验的最大受益者。许多企业已经建立了完善的用户体验系统，并将其作为企业战略的一部分。用户体验的商业价值主要体现在以下几个方面：①确定谁是产品、系统或服务的目标群体；②了解用户在使用产品、系统或服务过程中的愉悦和抱怨；③构建以用户为中心的产品创新流程；④降低项目开发成本，控制项目时间；⑤降低培训和售后支持成本；⑥指导企业研发方向。

3. 社会价值

以人为本是现代社会治理的主旋律。政治的繁荣在于顺应民意，而政治的浪费在于违背民意。在现代社会，以人为本的发展思想意味着政府必须树立"以人为本"的观点，根据人的需求不断改进和创新，准确提供公共产品和服务。如果把政府描述为社会服务的提供者，那么人民就是政府的使用者，其社会价值在于运用用户体验的方法创新社会服务，提高政府服务的效率、效能和满意度，从整体上提高政府的执政能力和服务质量。

二、用户体验的发展过程

1. 第一阶段：20世纪40年代至80年代

可以追溯到第二次世界大战，当时美国组织心理学家进行了可用性工程研究，并将研究成果应用到飞机座舱的系统设计中，以减少人为因素造成的操作失误。1955年，工业设计师（Henry Dreyfuss）出版了《为人的设计》，为人机工程学系统在设计过程中的应用奠定了基础。1970年，鲍勃·泰勒（Bob Taylor）负责创建施乐帕克研究中心（PARC），孵化各种突破性的个人电脑和网络技术，并设计重要的人机交互工具，如带有鼠标、图标和窗口的图形用户界面。在这个阶段，认知心理学、工程心理学和工业设计开始专注于研究个体生理、心理和机器之间的交互过程和结果，共同催生了用户体验。

2. 第二阶段：20世纪90年代至2009年

随着计算机技术的飞速发展，特别是个人电脑的普及和图形用户界面的广泛应用，人机交互已经开始影响到广大用户对产品和系统的使用。用户界面设计变得越来越重要，用户体验迎来了理论、方法和实践的奠基期。1995年，设计领域的专家唐纳德·诺曼（Donald Arthur Norman）在美国人机交互（CHI）大会上首次提出了"用户体验"的概念，被业界所熟知。1998年，经济学领域的专家约瑟夫·派恩（Joseph Pine）和詹姆斯·吉尔摩（James Gilmore）在《哈佛商业评论》上宣布"体验经济时代的到来"。2001年，《康复法案第508章》生效，要求美国所有政府机构的软件、网站和其他电子设备的设计都要符合第508章可用性标准。2002年，Adaptive Path公司创始人杰西·詹姆斯·加勒特（Jesse James Garrett）出版了《用户体验要素》，系统地介绍了用户体验设计的模型。2007年，乔布斯推出了"极致用户体验"的iPhone，让用户体验成了一个热门词汇。在此期间，IBM、西门子、苹果、微软等世界级企业逐渐将可用性的概念引入产品和系统的开发过程中。在中国，阿里、腾讯、联想、海尔、华为、中兴、长虹等企业从2000年左右开始在产品和系统开发过程中引入用户体验工作方式，设立专业部门。

3. 第三阶段：2010年至今

随着移动互联网的普及，以及大数据、人工智能、物联网等新兴技术的诞生，各行各业都需要利用互联网创新产品、渠道和服务，呈现形式多样的"互联网+N"。人机交互、图形界面设计、品牌体验、客户体验、体验经济、用户调研、体验标准、体验质量与评价、体验管理等用户体验相关需求突然被放大了。很多企业跟随总公司相继成立了用户体验部门或相关岗位。用户体验从业者规模不断扩大，用户体验理论和方法在实践中不断创新，用户体验设计公司、测评测试公司、咨询公司、实验设备制造公司等专业服务机构也参与其中。2010年，《ISO 9241-210：2010》首次定义了用户体验。2017年，理查德·塞勒（Richard Thaler）获得诺贝尔经济学奖。作为行为经济学的代表人物，他推动了心理学在经济领域的研究，揭示了人类行为如何影响个人决策和市场结果。2018年11月，德国商业软件集团SAP宣布以80亿美元现金的形式收购专注于体验管理的在线调查软件公司Qualtrics。在此期间，用户体验起步较早的欧美国家，在国际标准化组织（ISO）、国际计算机协会（ACM）、欧洲设计协会（BEDA）等机构的推动下，各大企业开始对用户体验进行标准化和系统化，并发布了一系列用户体验规范和指南。日韩的用户体验也在快速发展。日本产品开发人员在入职前接受与用户体验相关的职业教育是很常见的。韩国用户体验的蓬勃发展得益于行业、教育和政府部门的大力支持。高校与用户体验相关的课程或研究项目将由政府资金支持。韩国国家信息安全局还发布了用户体验标准，如国家无障碍网页。近年来，印度也开始广泛使用互联网及其相关产品。跨国公司，尤其是互联网和硬件公司，已经开始重视用户体验。印度最大的在线零售商平台Flipkart、印度在线汽车巨头Ola等主流公司已逐步建立用户体验团队导入用户体验工作流。

三、中国用户体验行业的发展现状

（一）发展状况

经过近20年在国内的发展，用户体验在行业内部不断分化与合作，基本形成了用户体验部（或首席体验官）、用户体验专业咨询机构、用户体验专业设备公司、开设用户体验相关课程的高校、用户体验行业组织等五大行业形态。

代表性的用户体验专业咨询机构有Isar、唐硕、Momo Interactive等。此外，波士顿、麦肯锡、思爱普等国外商业咨询公司在中国的办事处，都建立了与用户体验相关的业务。提供用户体验专业设备的代表性企业包括金发科技、拓普视仪器、诺德斯（中国）等。国内很多重点高校都开设了与用户体验相关的专业课程。在心理学领域，中国科学院心理研究所、浙江大学心理与行为科学系、浙江大学心理科学研究中心、浙江科技大学心理系、清华大学心理系、北京师范大学、大连海事大学等，都建立了与用户体验相关的研究和教学专业。其中，2015年，北京师范大学开设了国内首个用户体验（UX）专业硕士课程。在设计领域，北京邮电大学数字媒体与设计艺术学院、同济大学设计学院、东南大学工业设计系、江南大学设计学院、浙江大学计算机科学学院工业设计系、湖南大学设计艺术学院也相继开设了与人机交互设计和用户体验相关的本科和研究生专业。

随着用户体验的发展，行业间横向沟通、合作、标准化等行业共性需求日益凸显，中国用户体验联盟、中国心理学会工程心理学委员会、UI中国、UXPA、IXDC、UXren、中国工业设计协会信息与交互设计委员会、中国工业设计协会用户体验产业分会、中国家电用户体验联盟、视频体验联盟等行业组织和社区逐渐形成。

从鼓励用户体验的政策和配套措施来看，国家层面已经出台了多项相关政策和配套措施，这里仅列举其中6项。例如，2015年3月，国务院办公厅印发《关于开展第一次全国政府网站普查的通知》（国办发〔2015〕15号），将用户体验的重要内容——"网站可用性"和"互动响应"纳入全国政府网站调查评分表。这是用户体验术语首次出现在公开的国务院政策文件中。2017年9月，中共中央、国务院印发《关于开展质量提升行动的指导意见》，明确指出"鼓励以用户为中心的微创新，提升用户体验，激发消费潜力"。这一表述充分展示了用户体验在促进供应方改革和质量强国等国家战略行动中的支持作用。此外，质量工作纲领性文件以中共中央、国务院名义印发，这在我国质量发展史上尚属首次，具有重大里程碑意义。此外，2018年全国两会期间，全国政协委员提交了《关于鼓励基于用户体验的设计创新，加速科技创新成果转化的提案》，2019年提交了《关于推动用户体验创新，打造高质量发展新引擎》的提案。建议"将用户体验评价体系从宏观层面纳入高质量发展评价体系；从国家层面，以消费电子、汽车、机器人、金融、通信、人工智能等行业为主，以标准、树标杆、强品牌、推体验为主要抓手，开展用户体验创新推广"。2019年6月，工信部科技司发布《关于智能产品用户体验质量评价研究应用项目的委托函》（工函〔2019〕529号），委托中国电子质量管理协会（中国用户体验联盟）承担项目任务，要求研究建立用户体验质量评价体系，制定《智能产品用户体验质量评价指南》，重点关注车载人机交互产品和智能家居产品，并进行企业宣传。2020年3月，工信部办公厅印发《关于做好2020年工业质量品牌建设工作的通知》（工信部发〔2020〕59号），提出"试点推进电子产品、家用电器等消费品质量分级，围绕产品安全性能、节能环保、智能化水平、用户体验等关键特性确定分级标准"。

  用户体验能在中国迅速崛起和发展，主要是受中国经济发展水平、科技发展水平等客观因素的驱动。2018年，我国人均GNI达到9732美元，消费行为从数量消费、质量消费进入感性消费阶段。在这个阶段，产品功能是基本保障，而情感体验和个性化需求可以影响消费者的购买决策。正是因为消费者需求的变化和升级，用户体验越来越受到企业界的重视，这也能很好地解释为什么用户体验起源于欧美等发达经济体，并传导到中国、印度等新兴经济体，而大部分仍处于工业化进程中的发展中国家尚未开展"用户体验"的相关工作。从技术发展来看，随着移动互联网、物联网、工业互联网的普及应用，所有行业都要借助互联网"用户思维""人机交互""用户体验设计"等成熟的概念和技术方法，在产品、渠道、服务等方面进行创新。随着我国5G、人工智能、大数据等技术达到世界领先水平，拥有相关先进技术的企业的产品和服务的发展模式也必须从"知其然、跟从模仿"向"知其所以然、自主创新"转变，"创新本质上是一个不断调整用户体验和技术以达到最佳匹配的过程"。因此，先进的科技成果必须与用户体验相结合，才能以不同的产品和服务形式引入市场，创造价值。我们可以清楚地看到，用户体验首先应用到前沿技术领域，其次依次传递到其他领域。

（二）存在的问题及发展建议

目前，我国用户体验产业的发展主要面临以下四个问题。

1. 用户体验虽然已经有了行业雏形，但还没有形成具有广泛行业共识的定义和边界，用户体验的理论和技术方法还没有系统化、标准化，因此用户体验的行业特征无法清晰传达给行业内外。通俗地说，行业未能回答"做什么""为什么"和"怎么做"的问题。

2. 用户体验行业规模尚未量化，仍处于模糊估计阶段，未能准确展现行业经济发展趋势，在争取行业政策支持、资本对接、外部合作时缺乏内部数据支撑。

3. 在企业实施过程中，用户体验仍然面临决策和整合的问题，难以形成用户体验管理和运行机制。虽然用户体验已经被管理层广为人知，但理解和重视程度还有待提高，用户体验的输入和输出难以衡量，无法做出决策并实施。此外，如何导入用户体验工作流并与现有内部部门有效整合，也是行业需要深入思考的问题。

4. 用户体验行业对人才的需求快速增长。如何系统有效地培养用户体验行业的人才，逐渐成为用户体验行业发展的课题和挑战。针对我国用户体验行业的发展现状和存在的问题，提出以下五点建议。

（1）推进用户体验标准化

发挥团体标准优势，快速推进用户体验标准体系建设，优先组织用户体验术语标准，回应行业关切，凝聚行业共识，为标准化奠定基础，使行业表述准确、高效、通俗易懂、易于沟通。

（2）启动用户体验行业统计工作

充分发挥用户体验行业组织作用，通过其成员或其他渠道对用户体验行业规模进行量化统计，形成具有广泛共识的行业报告，清晰勾勒行业发展现状，为行业发展争取更好的条件。

（3）夯实企业导入用户体验的决策基础

加大行业宣传力度，提高管理决策层的用户体验意识，利用经济学相关工具对用户体验投入产出比进行数字化建模，建立决策模型。

（4）促进用户体验与质量管理的融合

一方面，用户体验作为一种质量特征，要借助"纵向到底、横向到边"的质量管理体系来实施，涵盖品牌、R&D、营销、物流、服务等用户与企业互动的方方面面。另一方面，在加入"用户体验"这一新元素后，企业质量管理也将从"满足要求"走向"满意体验"。因此，在企业的具体实施层面，要加快用户体验与质量管理的融合。

（5）完善用户体验人才培养体系

产业发展，人才第一。要积极争取国家政策，在高校开设用户体验专业课程，在职业院校开设用户体验职业技能课程，在社会培训机构开设用户体验继续教育课程；推动用户体验职业技术人才能力分级，构建校企合作培养机制，满足行业发展的人才需求。

第二节　用户体验的分类

一、用户体验的感官体验

（一）感官体验概述

1. 感官体验的定义

人使客观事物通过全身的感觉器官直接作用于人的大脑，使这些感觉器官所体验到的感受影响人的心理和生理变化，这就是所谓的感觉体验。人类的感觉系统一般分为五类，即视觉、听觉、触觉、嗅觉和味觉。这就是人类的五种感官。人通过感官体验感受外界事物，这是人与外界交流最根本的方式。

2. 感官体验之间的相互关系

生理学家用实验数据证明了嗅觉和味觉体验之间密不可分的关系。

闻香味和味道是对他们关系的充分解释。如果嗅觉失灵，人的味觉也会下降。味觉在起作用的时候，嗅觉也有反应，所以嗅觉和味觉所体验到的感觉不能归于某一种感觉。由此可以发现，感官之间其实是有相互关系的，单一片面地使用一种感官并不能达到身心的良好体验。

在艺术欣赏领域，这种感官之间的互动称为通感。人们早就发现了通感的存在，这意味着很多感官看似有自己的分工，但实际上是一个整体，相互作用，相互配合。比如我国学者钱锺书先生对艺术通感做了研究，证明感官之间确实有联系。看颜色好像有温度，听声音好像有图像等。这些都是通感的体现。在用户体验中，需要综合考虑各种感官之间的关系，充分发挥它们的优势，让人们感受到多层次的感官体验。

（二）感官体验设计

感官体验是相互渗透、相互融合的，"感官"设计所传达的信息能够使设计作品深刻地反映在信息受众的心中，使受众感到神清气爽。

1. 视力

艺术思维往往体现幻想性、荒诞性、意识流和浪漫性的特征，这是思维在图像中的最终展现。设计也是一种思维，所以不妨把它看作是一个超越具体功能意义的概念。在现代社会，诉诸人体感官的设计已经成为生活的主题，设计让人类感官的享受越来越微妙和精致。

视觉比其他感觉器官更发达，它与大量的外部信息有关。人们从外界环境中接收到的信息大多要经过视觉和听觉，其中视觉获得的信息是听觉的一千多倍。在产品的五感设计中，视觉感设计是产品设计的基础之一，占据主导地位。视觉元素用来表达想法和计划，让看到的人通过这些视觉元素理解想法和计划，这就是视觉设计的完整意义。

21世纪，人类进入视觉体验时代，"眼球经济"成为一个新概念。在"眼球经济"时代，产品成为人们交流和传递视觉信息的一种方式。通过视觉元素，如几何图形、图案、配色、纹理、光影图案等。产品的基本信息被传达给消费者，消费者通过眼睛接收信息，然后通过视觉心理、视觉思维、认知心理等对信息进行思考和判断，从而产生购买行为。

因此，在"眼球经济"时代，一方面要注重如何表达和传递产品的视觉信息，另一方面也要注重如何让产品，尤其是新产品，在第一时间吸引消费者的注意力，引起他们的购买欲望。要做到这一点，产品就要在视觉设计上有所创新，赋予产品与众不同的表现力和内在，给消费者带来深刻的视觉体验。视觉干扰设计正好满足了产品的这一需求。因为它的视觉干扰，不仅造型新颖独特，引人注目，还带给人们思考的空间和想象的空间，在回味中加深了对产品的认知。

2. 听力

（1）听力的重要性

我们的祖先通过几代人的繁衍，逐渐进化为更高级别的人类，学会了善于利用视觉、听觉、嗅觉、触觉等感官在生活中为自己服务。对于今天的人类来说，视觉是接收信息最直接、最快的感觉器官。观察物体时，我们对事物有最直观的感受。在这一点上，视觉通常比听觉更重要。然而，在某些情况下，听觉比视觉更重要。比如在夜间行走时，眼睛不能很灵敏地看到从黑暗中驶来的汽车，但行人可以先听到汽车的声音，从而察觉和避免危险。因此，在某些场合，听觉信号比视觉信号更适用、更有效。

（2）听觉对人的心理影响

听觉是人们精神交流的基础，被认为与情感有很大的关系。当一个声音突然响起时，人们会根据声音的高度、长度、音色等特征，立即产生情绪上的变化，或者某种联想和记忆。我们经常可以体验到音乐和噪声对人的情绪有很大的影响。音乐是指让人感觉舒服的声音。它包括和谐的音乐和有用的声音。音乐在影响人的生理、心理和工作效率方面也非常有效。音乐能唤起人的感情，激发人的情感。强烈的节奏感能激发人的精神和斗志，柔和的旋律能放松人的身心，缓解压力。因此，音乐旋律和节奏的选择必须适应生活和工作。比如在备战状态下，需要播放一些节奏感强、旋律高的歌曲，而在图书馆需要安静的地方，则会播放一些轻柔轻快的音乐。此外，音量、播放时间、是否贴合人体生物钟、是否单调重复，都会对音乐的效用产生影响。音乐对不同人的影响不会完全一样，因为人们的知识观念、民族背景、思维方式、当时的思想情感等都存在差异。

我们古代人早就说过"眼如耳，耳如鼻，鼻如口，无不同也，心凝形释""耳中见色，眼中闻声气"。按照佛教的说法，人类修炼的最高境界是"诸根互用""耳视母听"。也就是说，当一个人进入最高状态时，他的眼睛、耳朵、嘴巴和鼻子都可以交流。人们在诗歌中已经达到了这样的境界，比如"红杏枝头春意闹"之"闹"字，把事物（红杏）的无声姿态描述成有味道，仿佛是声音的波动。钱锺书先生说："在日常体验中，视觉、听觉、触觉、嗅觉经常可以相互交流，眼、耳、鼻、口、身等各个领域和各种功能可以划分为没有界限的领域。颜色似乎有温度，声音似乎有形象，冷暖似乎有分量，气味似乎有体质。这样的事情在普通语言中经常出现。"

哲学家亚里士多德说过，声音有"尖锐"和"沉闷"之分。正如诗人荷马在《伊利亚特》中的名言："就像是在森林深处的树上爬行的蝉，像百合花一样歌唱，伴随着泥土的芬芳。"至于西方现代主义诗人，他们把视听和气味混合在一起并不少见。因为人能看、能听，所以总想用眼、耳、鼻、口一起，所有的感觉器官紧密配合，实现一种"综合感官感受"。因为声音是人们通过听觉器官进行欣赏的对象，听者自然期望得到愉悦的心理享受。

产品的声音是渲染气氛的重要扮演者，可以衬托人物的背景，促进情绪的调节。不同风格的声音可以体现不同的产品风格特征。像一个温柔的声音，反映了产品的风格，圆润、柔和、激情、华丽。音乐以硬朗的风格反映产品。同时，产品的声音可以作为反馈信号的人机交互界面。声音在传播信息、模拟和声音融合方面更加完善。结合影像的音乐效果，更生动的立体效果，更精准地同步衔接声音和影像。所以这听起来像是产品设计元素的一个重要部分。它不仅能体现产品的风格特点，更重要的是能让用户获得审美的聆听体验。

　　根据实际情况设计产品，加入声音的思维。这是指非语言声音信号的声音。声音不仅具有功能性，而且作为视觉感知的媒介，可以丰富消费者对产品的整体感知，完美塑造产品形象，有助于提高产品质量，提供另一种方式。

　　声音的相应操作可以提高产品的可操作性，基于信息技术的数字化产品设计非常重要。因为数码产品的操作更为关键，通过操作，没有机械系统直观的反馈方式，需要借助视听信息反馈。

　　声音可以增加产品的吸引力，让用户享受多重感官感受。声音也可以显示产品的质量和状况，优美、适宜的声音可以使消费者改善产品的形象；例如，法国西蒙天梭杜邦打火机，由调音师调音，确保声音清脆响亮，清脆悦耳的"咔嚓"声就是一个完美的亮点，有助于塑造男性利落的产品形象，同时也能取悦用户的身心，同时，作为一款高级打火机，可以通过调节使用户拥有个性化的声音。在这类产品中，声音是一个重要的因素，对产品形象的塑造起着重要的作用。

　　在设计的统一性和人机交互的快乐流畅度上，要保持好的设计元素，需要深入研究声音的感性特征。比如指示性的声音和图像，并掌握它们的用法。如近年来出现的"earcon"耳标概念，专项讨论声音图标的指示操作。主要用于声反馈人机操作，有助于实现人机交互的非语言声音信号标记。在产品的设计和应用中，通过对记号进行适当的反馈，操作人员有了明确的指令。在这个反馈过程中，声音被称为一些指令的意图。声音的感性特征在为视障人士和复杂数码产品设计产品方面发挥着不可替代的作用和优势。

　　3. 触控

　　生物研究领域研究发现，触觉是人类发育和成熟最早的感觉。从人体工程学的角度来看，触摸可以让人感到友好和逼真。随着人类社会的快速发展，触觉心理学应用程序的设计越来越受到人们的重视。

触觉不同于其他感官，它不限于其他感觉器官，而是表面覆盖全身。触觉为我们提供了三种感觉信息，接触压力、疼痛和温度。人们可以通过分析相应的行为措施来适应新的信息环境。比如人类行为的穿衣表现，让人们知道了"温度"这种感觉。生理学研究证实，触觉还有其他社交功能，如加强社交关系的利用，避免心理焦虑的影响等。

我们的皮肤像是一堵被外界刺激的敏感墙，从外界搜集大量必要的信息。皮肤感知变化的压力、温度和位移就是我们的触感。不同的区域对触觉的敏感度不同，大多数人的身体感觉是由欲望、习惯、文化等因素决定的，不同触觉感知信息的体验也会影响一个人的审美，因此触摸与产品设计理念的关系更为密切。

在设计中，触觉是消费者接受商品的方式之一。通过触摸，他们接收到商品的感觉，如软硬包装、重量、厚度、粗糙度等。自古以来，人们就重视直观、柔软、温暖的天然材料的亲和力，在心理上做好了接受的准备。来自人内心的触觉心理反映在设计上如果能运用得当，会有更多的设计产品语言和丰富的设计方法。

消费者在选择商品时，无法接受自己未满足的商品的设计需要进一步沟通和交流，所有的信息接收者都收到了对其信息和产品信息重要性的评价。所以在这个阶段，产品的材质是与人接触的。在这个重要的过程中，主动工作和感觉器官都在做这个功能，这就要求产品要有人情味，这个阶段的产品的设计元素一定要做出来才能征服买家。作为设计师，我们应该充分考虑产品的外观。同时，消费者在接触产品时，要考虑特殊感受。这就要求我们加强对材料和表面质量的研究，以满足消费者的触感。只有这样，设计出来的产品才能在与消费者的第一次接触中站稳脚跟。

设计和视觉传达是第一位的，能给消费者留下好的第一印象。如果我们的设计能够满足消费者的感受，让消费者从"喜欢"到"值得拥有"，从多个产品设计中感受、欣赏、认同，消费者认为是一种感受享受，那么我们的产品设计就是成功的。

该材料具有化学和物理特性，以及可见性和触摸性能。材料的性能是触觉要素之一，形成材料的抽象意义。它是感觉更强的材料，它能感受到整体效果的机理，同时又能感受到实际效果，甚至是个人的形态特征。

触摸是指人触摸的实际感受，感受材料的表面特征和材料的内在感受，也可以称为"触摸"。人们一般用触觉来判断材料的质地，根据材料表面的特性，触觉刺激的触感可以分为快速舒适的触感和恶心的触感。对于丝缎、金属表面处理、高档皮革和精美的陶瓷釉料，如果容易接受和喜欢触摸，就能产生良好、柔软、明亮、干净、湿润和清爽的感觉，因为粗糙的砖墙、潮湿的油漆、腐蚀的金属部件和泥泞的道路会产生黏、涩、乱和脏的不适，甚至导致厌恶，从而影响人们的审美心理。

在现代工业产品的造型设计中，使用各种触感的材质，不仅体现了产品接触部分防滑的、易掌握、实用、舒适的功能，而且结合不同质感、纹理、材质，可以丰富产品的造型，给用户一种奇特的、新的感官体验。

例如，某医院是一家妇科和儿科专科医院。这家医院的标志系统的最大特点是标志本身是用布做的。这种设计传达了一种柔和的空间感，因为这家医院的人不仅仅是病人，还有在分娩前后来休息的产妇。该医院的所有标志都是用白色纯棉布料设计的，标识的底座部分固定在墙上或天花板上，房间号和提示信息用丝网印在白色棉布上，有的像袜子，有的像可更换的床单。面料非常柔软，会给这个空间带来一种柔软的感觉。还有一点很重要，白色棉布做的logo本身就很容易脏，所以所有的logo都设计成可以随时从底座上拆下来，用松紧带固定，这样一旦脏了就可以马上摘下来清洗。在这里，标记系统的设计没有使用耐脏的塑料材料或深色布料，而是特别选择了不耐脏的白色棉布。它向人们发出了医院的信息：这里是柔软、可亲近且干净的。在产妇分娩的医院里，房间里的柔软感非常重要，同时"最佳清洁度"也是必不可少的，对于在医院度过分娩期的人来说，这是最大的安慰。

4.嗅觉和味觉

味觉通常很难在产品的设计中直接表现出来，通常在产品包装中，通过视觉的传播，来刺激神经系统中的味觉体验。这种味觉的形成是间接的，是人通过味觉对象，进而形成心理感受的过程，这种味觉感受是建立在视觉转换的基础上的。因此，我们研究味觉包装，需要通过视觉观察了解各种可以直接或间接转化为味觉的事物。

味觉就是我们通常所说的味道。对于包装和设计来说，我们不能直接去品尝产品的味道，味道的传达只靠视觉进行间接传达，如何通过视觉传达更好地表达味道是需要我们考虑的问题。酸、甜、苦、辣，这是最基本的味道，我们要从视觉感官要素等找出代表这些味道的图形、色彩等因素。其中颜色是与人交流的第一因素。人对色彩的接触可以使人联想，间接产生各种味道。如红色的色彩氛围使人感觉到热，青绿色、蓝绿色一般使人产生酸的反应。当我们看到绿色雪碧的时候，会感觉清凉、冷；当我们看到浓咖啡的时候，这些自然会觉得苦涩；看到五颜六色的水果自然会让你觉得甜甜的。因此，味觉感受通常体现在包装设计上，我们需要注意这些具体的传达情感的因素。

形状和结构也是影响味觉传达的因素，材料的使用也会有一定的影响。通常软包装让食品看起来柔软，硬包装使人感觉高档。有些酒瓶的颜色和质地就可以传达味道的主要特征。例如，张功酒酒瓶底的方形，会使人一看就感到正义感，进而感觉此酒味道会有点刚正。面包通常用软塑料袋包装，当松软的面包结构透过袋子时，你自然会知道面包的品类。常用的铝复合材料使饼干看起来很酥脆。一些新鲜的熟食包装会注意包装材料的透明度，透明度高会使产品看起来更新鲜，味道更好。

气味包装设计是最引人注目的新技术。气味的吸引往往会让消费者难以忘怀，当人们看到一个产品时，往往会有似曾相识的感觉，但却想不起来它的特点，此时此刻，嗅觉将发挥重要作用，嗅觉比视觉更能加深我们的记忆。随着印刷技术的发展，油墨中开始被加入一些香料，这些香料由制造商根据产品的特点与元素混合而成，因此使用特定气味的油墨印刷被用于包装技术，用以包装一些香水、水果等。一些厂家还发明了拓印色技术，将其与香氛油墨印刷技术结合，创造性地应用于卡通书、特种书等阅读产品中，当读者阅读摩擦时，不但会产生不同的气味，还会改变颜色。通过嗅觉，可以在包装和消费者之间建立起新的联系，让消费者记住产品的气味，形成心理上的认可。

气味在封面包装中引入了更多可能性。早期的茅台酒在巴拿马国际会议上展出，因为包装设计简单，包装材料平淡无奇，缺乏引人注目的造型特征，因而不被评委认可。参与者急中生智，故意打破酒瓶，将酒洒在地上，浓郁的酒气蒸发，浓郁的酱香型香气尤为突出，立即吸引了评委，这是一个典型的用气味弥补包装缺陷的例子。在我们身边，利用嗅觉吸引消费者注意，使之产生购买欲望的例子还有国际快餐品牌麦当劳。麦当劳利用公交车站广告，在其中加入一个特殊的装置，会散发出汉堡和番茄酱的气味，从而刺激消费者的嗅觉和味觉神经，让消费者产生购买欲望。由此可见，嗅觉的感官刺激方法非常实用。

二、用户体验的交互体验

（一）互动体验的定义和理论基础

1. 互动体验的定义

体验是用户在使用产品过程中建立起来的一种主观感受。对于目标用户群体，通过精心设计的实验，可以解码交互体验的共性——以用户为中心。用户体验的可视化研究从用户体验概念发展的最早阶段就进入了其全过程，并贯穿始终。其中，从风格设计到色彩设计，再到字体设计、图形符号设计，这些已经成为用户体验设计中视觉构成的重要因素。在新一代用户体验设计中，作用于交互因素的色彩艺术风格设计、视觉人文关怀等成为衡量界面的重要形式和标准。

2. 交互体验的理论基础

（1）用户体验研究

自从用户体验受到各界关注以来，学术界不同学科对用户体验的研究贡献了不同的模型和理论方法，包括设计学、管理学、哲学、人类学、认知科学、社会科学等。与此同时，商业界许多国际知名企业都成立了用户体验研究机构，如IBM、微软、联想、华为等，企图通过高品质的体验设计获得更好的商业价值。

人机交互领域的用户体验研究始于20世纪90年代。在人机交互的早期领域，人们关注任务流中行为所实现的目标，任务成为用户分析和评估的中心。其理论和方法主要基于可用性，如可用性测试，保证交互产品的功能价值是该领域的主要研究目标。20世纪90年代，美学、情感、愉悦等超越可用性的话题开始成为人机交互领域的讨论中心，交互体验正式成为研究课题。所有这些研究的共同目标是丰富现有产品的功能，构建更完整的人机交互领域。

Forlizzi将这些用户体验研究分为三类：以产品为中心的体验模型、以用户为中心的体验模型和以交互为中心的体验模型。基于这种分类，下面将以一些典型的研究为例来说明这三种不同的研究方法。

以产品为中心的体验模型为设计实践提供了直接的方法论，比如产品如何为用户提供有效、满意的体验，通常以列表的形式呈现体验设计过程中需要关注的话题或标准。彼得等人提出了产品体验的三个维度：审美维度涉及产品对用户感官的满足；意义维度涉及产品对用户的象征意义；情感维度涉及用户对产品的感受。

以用户为中心的体验模型结合了心理学、社会学等不同学科的方法和工具，探索用户的行为及与产品使用相关的体验本质，从而帮助设计者和开发者了解产品的目标用户。该模型拓展了传统的目标和任务导向的研究思维，将乐趣、行为等话题融入研究主题中。心理学家米哈里·契克森米哈赖（Mihaly Csikszentmihalyi）提出心流（flow）的概念，他把这种流动描述为个人的精神专注于活动,以至于忘记了自己及时间和环境的全部体验。

以交互为中心的模型探索了产品在设计师和用户之间的沟通作用。不同领域的研究者和实践者试图构建人、产品和环境之间的互动过程和体验。Alben提供了评价体验质量的八个标准,包括对用户的理解、有效的设计过程、需求、可学性和可用性、适用性、审美体验、可变性和可控性。这八个标准需要在产品设计的概念、构思和实施这三个阶段进行评估。

(2)从用户体验到交互体验

埃菲(Effie)在CHI人机交互大会的用户体验模块发表了一篇关于用户体验定义的研究文章。通过调查搜集和总结了来自学术界和企业界的275位学者和从业者对用户体验的看法,指出用户体验的概念仍然存在很大差异。人机交互领域对用户体验没有统一定义的原因有三个:首先,用户体验涉及一系列复杂多变的概念,如情感、体验、快乐等,而且把经验等同于其中任何一种都是太武断了;其次,对于体验的分析和评价很难有一个确定的指标,比如单个用户的体验和多个用户之间的体验有不同的衡量标准;最后,相关互动体验理论现有的研究重点不同,所采用的研究方法和形成的理论框架也涉及不同的领域,如心理学、社会学、人类学等。此外,用户体验的概念也在商业领域,作为管理和品牌的概念和方法正在被研究。比如信息交互设计专家Nathan Shedroff认为,体验设计是消费者参与设计并使用服务、产品和环境,使消费者在商业活动中感受到审美体验的过程。

由于人机交互领域缺乏对用户体验的统一定义,以及其在人机交互领域之外的广泛使用,用户体验的概念掺杂了诸多因素。为了专注于交互设计,这里的交互体验只关注用户、产品、情境之间的流动过程,从纯设计研究的角度研究用户体验。

交互体验是用户在与产品交互过程中产生的感受。它不是产品或系统的固有特性，而是用户内部状态、产品系统特性、环境三要素流动交互的结果。用户的内部状态包括用户的期望、需求、动机、情感等因素。系统特性与产品的形式、复杂性、目标、可用性、功能等因素有关。情境涉及互动发生时的社会环境、活动意义等因素。因此，用户的体验是流动的，会随着交互元素的不同状态而变化。同一个用户在不同的情况下使用同一个交互产品，会得到不同的体验。比如用户在安静的图书馆和嘈杂的地铁里用手机收发微信，会得到完全不同的体验。前者可能会因为应用声音的意外出现而让用户感到尴尬，后者可能会因为应用无法提供适应环境的调整而让用户感到压抑。不同体验的原因与情境中的社会习俗文化因素有关，如安静的图书馆不允许大声喧哗；情境中还有声、光等环境因素的变化，例如，地铁的嘈杂淹没应用的声音；还涉及用户使用微信时的动机、需求、情绪等因素的变化，比如语音内容不想被周围人听到等。

（二）交互体验设计

1. 交互体验设计的概念

在当今的数字世界中，人们越来越依赖这种"数字生活"，它对人们日常信息交流的影响越来越大，如电子邮件、QQ、MSN及在通往Twitter和互联网的道路上发送各种照片。交互设计是随着计算机网络技术的发展而产生的。通常人们对交互体验设计的理解是人与机器之间的一种互动或交流，具体来说，是一种以计算机网络和媒体技术为支撑的数字化设计。这种跨学科合作的新模式是设计学科未来的发展趋势。

交互设计是指支持人们日常工作和生活的交互式数字产品的设计。具体来说，交互体验设计是创造一种新的用户体验，其目的是增强和拓展人们的工作方式、交流方式和交互方式或交互空间。一句话，就是为人类提供便利的服务设计。早期的交互设计理论家之一、斯坦福大学教授特里·维诺格拉德（Terry Winograd）曾在1997年将交互设计描述为"人类交流和互动的空间"。同样，"Deigning for Interaction"一书的作者丹·萨弗（Dan Saffer）也认为，"交互设计"是关于人的，以及人们如何通过他们使用的产品和服务与他人建立联系。同时，他还描绘了交互设计与其他相关学科的关系。

交互设计是跨学科合作的新领域，包括信息架构设计、工业设计、人机工程学、视觉传达设计、认知心理学、用户体验设计、人机交互设计等。它包含的类别越多，对设计师的要求就越多。当设计师做出好的交互设计，就能产生巨大的价值，不仅对人有很大的影响，还能给整个社会带来巨大的社会效益。

2.交互体验设计方法

交互设计是一门新兴学科，也是一门在实践中不断总结经验的学科。这门学科会随着科技的进步和社会的发展而变化和进步。交互体验设计的工作方法和解决方案都是基于日常工作和生活经验的总结，但这些方法也是一成不变的，会随着社会和时代的发展呈现不同的发展趋势。以人为本，为了更好地解决问题，他们可以互相合作，互相学习，有时也可以从一种方法转移到另一种方法。交互体验设计有以下几种方法。

（1）以人为本设计

以人为本的设计意味着用户的中心地位在设计过程中得到充分体现，这也可以称为以用户为中心的设计（简称UCD）。它的根本出发点是设计师需要根据用户的需求来指导产品设计，因为用户最清楚自己需要什么样的产品，所以设计师要让用户参与到产品设计的过程中。请用户确定是否能解决实际问题或用户需求。有时，并不是每个用户都能清楚地表达他们想要的产品特性的要求。这时候就需要设计师通过深入调查研究，找出用户真正期待的是什么，初步设计出产品的原型，最后在后期调试中分析问题，提出改进措施。

在以用户为中心的设计中，用户是决定性的因素，设计是由用户的需求来引导和改进的。有时候设计师会加入一些自己的设计偏好，比如设计体验、色彩、构图、交互方式等。要在设计中体现以人为本的理念，设计师需要在设计中采取一定的措施，如用户咨询、用户访谈、观察等，验证产品的优缺点，并进行调整和修正。设计师还会根据用户的性别、年龄、受教育程度和身体因素，做出针对性的产品。以用户为中心的设计过程可以概括为四点，具有以下特点。

①设计人员要对用户和任务需求有清晰的认识，需要用户的积极参与。用户的具体参与取决于不同的设计活动。开发定制化产品时，用户可以直接参与开发过程，让用户或代表在使用产品时提供反馈信息，并对设计师提交的设计方案进行适当评估。

②在用户和系统之间合理分配功能，标明用户和系统完成的功能。用户代表参与决策，根据用户的各种因素决定参与者的工作、任务、功能或职责是自动执行还是手动执行，而用户自身的因素包括响应的可靠性、速度、准确性、强度、灵活性、成功完成任务的重要性或及时完成任务的重要性。

③对产品进行重复设计，根据产品的实际问题和实验场景设计初始产品设计方案，并针对反馈结果中的问题制定相应的解决方案。

④在产品设计过程中，利用跨专业优化产品的各种功能，将以人为本的理念应用到多专业团队中，可以是小规模、动态的，存在于项目实施过程中。

以用户为中心的设计将设计师的重心从自己的喜好转移到用户的喜好上，这是其最大的优势，而这种优势所体现的价值也不容小觑。在以用户为中心的设计中，用户信息是设计决策的重要因素，但以用户为中心的设计也存在一些问题。有时候，设计师会根据错误的用户需求进行设计。因为参与设计的用户数量相对大众来说还是比较少的，会有设计师设计的产品不是很好，被大多数人使用。然而，以用户为中心的设计仍然是一种有价值的研究方法，也是实现有效交互设计的一种方式。

（2）以活动为中心的设计

活动中心设计（Activity-Centered Design，简称ACD），又称以行动为中心的设计思想，由心理学家唐纳德·诺曼提出。顾名思义，ACD并不关注以人为设计中心的人，而是关注用户想要做什么或活动。以用户为中心的设计关注用户的需求和目标，用户的需求指导设计，以活动为中心的设计关注需要完成的任务和目标，活动指导设计。用户在完成相应的任务之前需要做出一系列的决策和行动，以活动为中心的设计就是围绕这些决策和行动而设计的。在ACD设计的过程中，也有必要对用户的相关方面进行调查研究，但这些调查研究并不是纯粹为了满足用户的需求，而主要是为了让设计师在设计中充分发挥主观能动性。在以活动为导向的设计模式下，设计人员往往会将注意力集中在要完成的薪资任务上，并创造有用的设备来完成任务。一般来说，他们不太考虑设计的长期目标。以活动为中心的设计理念有以下几点。

①以活动为中心的产品设计关注用户或体验者在设计中想要做什么。这样做的好处是，设计师可以更加关注如何处理事情本身，而不是过多考虑更遥远的目标。在一些产品设计中，非常需要ACD的设计理念，比如汽车、乐器等产品的设计。如果这些复杂的产品按照以人为中心的设计来设计，这类产品对于用户来说难度会太大，所以活动导向的设计更适合功能复杂的产品。

②在设计过程中，我们盲目地反映技术要适应人。因为不是每个产品都需要这个理念，我们不能只强调技术适应人。以人为本的设计强调人，却忽略了人的主观能动性和对技术的适应性。比如一些比较新的产品（iPhone、iPad）刚出来的时候，我们还不是很熟悉，第一次接触需要一个学习的过程才能顺利使用。

③以用户为中心不是绝对正确的。了解用户的需求是非常必要的，也是设计过程中明智的做法。但是过于关注用户的需求会导致产品设计过于复杂，因为在设计过程中不可能完全采纳所有用户的需求和意见，有时会采纳一些人的意见，从而放弃一些人的意见。

以上三点说明了活动中心设计的要点，但这里说的不是活动中心设计比以人为中心的设计更重要。在设计中，我们不能过分强调以活动为中心的设计，而忽视以用户为中心的设计。如果过于注重以活动为中心的设计，就会导致缺乏整体考虑。还有一点就是人始终参与到整个设计活动中，所以关注用户的活动离不开人的活动主体。在交互设计中，我们不仅要使用以活动为中心的设计，还要考虑到以用户为中心的观点和想法。根据活动理论原理，活动具有层次结构，操作和行动以多样的形式存在，操作是活动的主体，行动是有目的的操作，这些单位的活动目标一般不变。因此，面向活动的设计可以进一步转化为以用户为中心的设计，即面向目标的设计。以活动为导向的设计代替以用户为导向的设计，并不意味着我们要抛弃以前学过的东西。所有的活动都与人有关。因此，那些能够很好地支持活动中的行动的系统，一定能够很好地支持从事这些活动的人。我们可以充分利用之前获得的知识和经验，既包括UCD设计模式和ACD设计模式，也包括人机工程学相关领域。

（3）系统设计方法

系统设计是一种非常合理的设计方法。在设计过程中，采用分析方法解决设计中的问题。其本质是将用户、产品、环境等组件作为一个整体来看待，而不是将每个组件作为一个对象单独考虑，分析组件之间的功能和相互影响，根据系统目标提出合理的设计方案和解决方案。系统设计擅长解决复杂问题。这是一种结构良好、精确的设计方法。它从整体的角度解决了设计中的问题。系统设计不仅适用于数字产品，也适用于大多数具有数字和类似组件的服务或产品。系统设计的主要优势在于它为设计者提供了一个宏大的设计愿景。一个产品或一项服务不可能单独存在于真空中，但它往往涉及很多方面。因此，系统设计要求设计者更加关注产品或服务所处的环境，从而帮助我们更好地了解产品或服务所处的环境。

系统设计强调运用系统分析方法，对人、环境、产品等内外部因素进行深入的调查研究，在调查研究中发现产品尚未发现的优势和潜在问题，以及用户的潜在需求，从而为后期设计提供坚实的理论基础，在具体形态和结构功能的设计中提供更广阔的思路。现代社会的产品形态可以分为宏观和微观两个方面。宏观方面包括民族文化因素、环境因素、经济效应、能源因素等。微观方面包括结构因素、材质因素、色彩因素、造型因素等。今天，随着工业社会的高度发展和设计行业的快速发展，上述所有因素都发展成为自己的知识体系和结构，因此"人、机、环境"是系统设计研究的重点和主要内容。设计中充分考虑了人、机、环境之间的关系，以及相互制约的因素，这样做的目的是获得人机系统的最佳综合使用效率。系统设计的目标是综合考虑和研究产品创新的各种因素，使设计过程中的每一个因素都能得到充分考虑，系统的每一个组成部分都能得到保证，其功能得以充分发挥。在系统设计中，需要分析人、环境、产品等因素来确定用户的需求。

系统设计的研究目标可以概括为四个方面：人的因素、机器的因素、环境的因素和综合的因素。人的因素主要是人体尺寸和机械参数，人的尺寸主要是工作时静态或动态的工作姿势和空间活动范围，机械参数主要是操作力、操作速度、操作频率、精度和操作机器时的续航极限。设计人员在开发产品时，要合理、科学地选择人机系统的各种参数，因为人的因素在设计中涉及的学科范围很广。机器因素主要是工作人员在操作机器时给予机器的指令，主要表现在信息显示和操作控制系统两个方面。在这方面，设备设计必须考虑人输出信息的能力，同时机器在向人反馈信息时要快速、准确、清晰，充分考虑人接收信息的最大能力。在一些特殊行业的机械设计中，需要考虑人的安全，以防止人在操作或机器发生故障时带来的危险。在设计这些机器时，我们应该充分认识到人的安全永远是最重要的。环境因素主要包括影响人的心理的物理化学环境、心理环境、人际关系和社会环境。环境因素涉及面广，对人的影响很大，所以设计师在设计时要特别注意。综合因素是，如果人和机器在工作中合理分配任务，考虑人和机器的特点和功能，各尽所能，合理分配，繁重、单调、复杂的工作就由机器来做，管理、设计、监控等方面就由人来做，充分发挥人机系统的综合使用效率。

3. 交互体验设计的表现形式

（1）参与式人机交互

参与式人机交互是指消费者在观看展品的同时，可以通过自己对外界的操作实现有效的交互，所看到的信息也会随着操作发生相应的变化。

参与式人机交互在交互过程中是不可重复的。通过操作载体，画面发生变化，然后如果参与者感受到不同画面带来的新体验，那么参与者与载体互动所获得的感受和体验是不确定、不可预测的。因此，设计师在想要参与具体项目的设计时，不仅要关注产品互动娱乐的特点，更要关注不同参与者的需求及在不同心理条件下产生的互动需求的研究设计。比如儿童和成人游戏的人机交互。

（2）可接收的人机交互

基于接收的人机交互是指访客在观看产品时只需要感觉到"离开"，而不需要用触摸来感受产品，通过自己的思考进行有目的、有计划的交互观察。一般来说，接收型人机交互所显示的信息主要是图像和文字。这种表现方式的缺陷是显示内容过于单调。设计师可以通过展示方式的设计，让参观者与静态的图文互动，具体的表现形式可以从视觉、听觉、视听结合三个方面来进行。

①视觉形式

在使用视觉形式作为主要展示手段时，一定要注意避免在复杂的图文下出现视觉混乱，这样会导致访问者的注意力下降，使访问者的注意力偏离要展示的关键产品信息。在杂乱的空间环境中，不可能有效地向受众传达信息。在商业展览中，文字和图片处于静止状态，而参观者则以移动状态观看。一般访客对于静态信息都有跳跃性的阅读习惯，图像和文字流动过快不会给访客留下深刻的印象，对于产品信息的传播是很大的损失，所以图像和文字的表达对于设计师来说非常重要。

②听觉形式

背景音乐是以听觉为主要表现形式的交互设计中最基本的元素，为展览空间环境起到烘托气氛的作用。这种展览相对容易，游客也容易接收信息。如果人们能在凌乱的环境中听到舒缓的音乐，会感受到亲切感，也能缓解游客的烦躁，给游客带来奇妙的联想。听觉形式的交互设计传播了大量的信息，生动形象，易于接受。设计师在具体设计时必须注意所选音乐与展示主题的和谐。

上海世博会德国馆的互动设计巧妙地运用了参观者听觉的感官语言作为互动元素。当游客乘电梯进入"水下世界"时，他们的耳朵被海浪拍打的声音和海鸥甜美的歌声所包围。蓝色的波浪印在墙上，泡泡闪闪发光。参观者就像站在汉堡港的岸边，看着翱翔在蓝天白云中的海鸥，看着令人惊叹的现代建筑。不同的音效和旋律设计让游客可以从不同的方向聆听大自然的声音，让游客在轻松愉悦的状态下完成互动之旅。

③视听综合互动形式

视觉和听觉的交互形式不是孤立存在的。只有它们共同努力，才能起到更好的互动效果。它们在不同环节相辅相成，取长补短，共同实现视听展示。

三、用户体验的情感体验

（一）情感体验的内涵和要素

1. 情感体验的内涵

《心理学词典》是这样解释情绪的："情绪是一种心理反应，是人们对客观事物是否符合自身需要的态度体验。"由此可见，情感是人们通过自身情感和意识的作用对客观世界认知的感受和体验。通过对人脑中新事物的形状、材质、颜色等客观事物特征的印象，这种印象可以解释人的主观反映，即情感。人们通常按照自己的情感方式来表达内心的感受，这就是所谓的情感。情感设计是通过探索人的一系列心理活动，从人的情感和情绪方面判断情绪的规律，然后通过设计激发人的一些情绪，实现人与物之间的情感交流。

所谓体验，即"用身体体验，用心灵体验"，是主体通过感觉器官对某些客观事物的认知和体验所产生的情感体验，这种体验来自自身的心境与周围环境的相互作用，从而形成各种感觉反应的综合效应。通常会衍生出"体验营销"和"体验设计"等相关话语。这些话语的本质是分析消费者的心理和行为，从消费者的情感、感官和行为等方面对"体验"一词进行多层次、全方位的阐释。

情感作为一种体验，是客体与主体之间某种关系的反应。所谓"触景生情"，表达的是主体对客观事物的心理体验。情感和经历是分不开的。情感来源于经验，也是经验的结果。它们密切相关，互为因果。它表现为不同程度的心理感受和对客观对象的一定主观态度。伯恩·施密特（Bernd H.Schmidt）在《体验式营销》中提出了五种消费者体验：情感体验、感官体验、思维体验、行动体验和关系体验。体验的最高形式是空间情感体验。约瑟夫·派恩（Joseph Pine）认为，情感体验既涉及主体所经历的感情、情绪等情感因素，也涉及知识、智力、思维等理性因素和一些身体活动。体验与人们的生活息息相关，熟悉情感体验的重要性对设计有着至关重要的影响。

2.情感体验的要素

人对事物的感受、心情和情绪是一个心理感应的过程。通过细微的变化，会产生不同的情感体验。

（1）感觉作为人类最简单、最基本的心理过程，是一切知识的源泉

人脑对直接作用于感觉器官的客观事物的个体属性的反应。人的大脑会下意识地选择好的感情，避免痛苦的感情。虽然感情是一个极其简单的心理过程，但它在人们的活动中起着重要的作用。因为感情的存在，我们可以通过不同的感觉器官搜集环境信息来感受和识别周围的事物，进而对事物的属性做出相应的判断。如温度、颜色、味道、质地等。感觉的其他认知过程的基础，也是了解自己能力的基础，比如脉搏跳动、姿势舒适、

冷暖。比如教堂巨大空间的震撼力，会让人感到安静，坚定信仰。

（2）情绪是一种多变的、不确定的情绪，它会通过一些特定的刺激随时发生变化

情绪是指人对事物的态度，是日常生活中最常见的心理活动。情绪变化受自身心理、生理、本能、社会、自然等多种因素的影响。人的情绪包括喜悦、激动、期待等积极情绪，也包括沮丧、悲伤、愤慨、无助等消极情绪。情感是通过经验产生的。情感决定心情，对心情有直接的影响，人的行为起导向作用，通过人的思维方式引导人趋利避害。

（二）情感体验设计

1. 情感体验设计的概念

随着体验经济的到来，设计理念、方法和手段也要延伸到情感体验层面，这样才能保证设计真正以用户为中心，更好地为用户服务。

情感设计是一种基于体验设计和情感设计理论的全新设计理念，是指在用户使用产品或服务时，一些刺激因素在使用过程中对用户的情感产生影响，从而实现用户与产品或服务之间的情感互动。强调产品与受众的情感关系，而不是普通的设计，给予产品更多的精神价值和情感支持。情感设计在功能的基础上更注重人与人、人与产品、人与环境之间的互动体验和情感交流。

用户的情感体验可以从两个角度来分析，一个是用户的感官体验，另一个是用户的情感体验，是用户与产品互动的体验。用户的情感需要通过感官来满足。对于设计师来说，有必要将冷产品和冷技术人性化，从而允许用户在使用过程中与产品形成情感互动。随着社会的发展，对产品的需求越来越大，我们身边的产品不仅要满足基本的功能需求，还要给用户带来更多的体验价值。因此，在设计过程中，设计师要充分考虑用户的需求和情感诉求。情感集成设计首要要强调以人为本。其次要考虑用户的精神需求，让用户感知到设计在物质和非物质方面要传达的情感，从而加强用户与产品之间的情感联系。

情绪的概念最早是由心理学家马斯洛在1943年定义的。他在《人类动机理论》一书中提出了马斯洛的需求理论，将人的情感需求从低到高分为五个层次：生理需求、安全需求、归属与爱的需求、尊重需求和自我实现需求。

1986年，山本健二在密歇根大学提出感性工学理论。它主要通过工程方法探索用户情绪与事物之间的关系。通过使用感性工学，对用户不确定的需求进行量化或半量化挖掘，根据产品的特性设计出满足用户情感需求的产品。

2004年，认知心理学家唐纳德·诺曼在《情感化设计》一书中提出，产品设计在关注用户认知和适应性的同时，也要关注用户的情感，并提出了情感体验的三个层次来探讨情感与设计的关系。2007年，Peter Desmet提出了情感体验的认知模型，指出情感体验是用户的关注点与产品刺激经过评价后相互作用的结果。

2. 情感体验模型

（1）产品情感的基本模型

体验可以理解为用户对事物信息进行解码的认知过程，也可以看作是用户直观定义事物，感受事物好（有益）或坏（有害）的情感倾向的过程。在情绪评估的相关理论中，情绪是功能性的，它可以帮助人、人与产品、人与环境相互联系，使我们在与人、产品、环境互动时，我们的思维倾向于这些东西。这意味着，虽然人们在使用产品时会有不合理的情绪反应，但这种情绪来自Desmet和Hekkert，他们借鉴了上述模型思路，对基于情绪产品的认知和评价进行了深入研究。构建了产品情感的基本模型，阐述了情感反应前的一般过程。他确定了情感体验过程中的三个变量：关注、产品和评价。评价过程中注意力与产品的互动产生情感体验，即以用户对产品的期望、审美标准和态度来评价和衡量产品给予的刺激，最终产生对产品的情感反应。

在这个模型中，认知和情感之间的线性关系代表了一种典型的认知观,但他关注的是用户效应,并解释了这三个因素之间的关系、相互影响和作用。

(2)产品情感基本模型中的评价、关注、产品和情感分析

①关注

在产品的情感反应模型中,关注的是用户对产品的认知因素,主要表现为预期目标,当产品将有助于实现我们的目标时,我们会将其视为理想产品;当产品干扰我们的目标时,我们会认为它们是不令人满意的产品。标准指的是我们的信念、规范或我们认为事物应该是什么。符合我们标准的产品会引起愉悦的感受(如钦佩),而与我们标准冲突的产品会引起不愉快的感受(如鄙视)。最后,态度指的是我们的喜好。

为了了解用户在与产品交互时的情绪反应,有必要了解用户对产品使用或将要使用的环境的担忧。Frijda认为,关注点可以被视为评估过程中的参考点。所以,一个产品对我们的情感体验的好坏,是由产品和关注点的匹配决定的:匹配我们关注点的产品被评价为有益,不匹配我们关注点的产品被评价为有害。

②评价

从情感认知理论的角度来看,情感来源于用户对一个事件对自己是否有益(有害)的评估。产品评价的核心意义不是产品本身,而是产品对个人的意义。对于产品,评价有三种可能:有益、有害或与个人利益无关。这三个评价结果分别导致了快乐产品和不快乐产品的不同情绪。比如老年人在接受康复训练时的情绪反应,第一种可能会体验到愉悦的情绪(如希望),这是经过评估后的结果是有利的;第二种可能会产生不愉快的情绪(如恐惧),这是评估潜在危害的结果。

③产品

情绪总是与经历情绪的人和特定对象之间的关系密切相关。在产品的情感反应方面,我们基本可以区分对象是产品的情感(例如,"我对这把椅子的柔软贴面感到兴奋")和对象是产品引起的某种联系或幻想的情感

（例如，"我对产品的创造力感到兴奋"）。

Desmet指出了第三个变量——刺激，它不一定来自产品本身，也可以通过与产品相关的事件来刺激，比如使用产品的后果，产品在交互中的行为，或者相关的对象或人，比如制造商或用户。基本模型表明，情绪不是由产品本身引起的，而是由被评估关注点的匹配或不匹配引起的。

④情感

当代大多数情感认知研究者认为，特定类型的情绪与特定类型的评价有关，情绪可以从基本评价的本质上进行预测。很多高级评价模型都包含一组区分情绪的小评价类型。每种评估都涉及一个特定的评估问题。产品的情感与以下几个问题有关："这个产品有助于我实现某个目标吗？我能负担得起吗？我的邻居会同意吗？使用安全吗？"等。根据这些不同类型的潜在评估，产品情绪可以分为使用情绪、审美情绪、社交情绪、惊喜情绪和兴趣情绪。

3. 情感体验设计的三个层次

认知心理学家唐纳德·诺曼在《情感设计》中提到："实用性和可用性仍然非常重要，但是如果没有乐趣和快乐、兴奋和快乐、焦虑和愤怒、恐惧和愤怒，那么我们的生活将是不完整的。"在书中，情感体验根据设计目标分为三个层次：直觉层次、行为层次和反思层次。最高层次是情感体验的反思层次。通过本能层面和行为层面的作用，在消费者心中产生情感、记忆、印象、文化背景等诸多因素更为深刻的复杂情感。

（1）本能层面的情感体验

本能设计是指设计师在空间设计中借助色彩、材质、造型、质感等元素对消费者感官的直接刺激，即在物理刺激下产生的即时情感反应。消费者通过视觉、听觉和触觉的直观感受直接作用于人的感官系统。比如设计师以有意义的设计符号形式和自身的审美体验为基础，通过设计带给人们感官体验上的愉悦，再物化有意义的符号形式进行交流和情感沟通，从而满足消费者的个人感受。

数据显示，视觉上令人愉悦的东西可以促进人们更好地工作，并引发人们的积极情绪，使他们更好地思考。以空间设计中的实体书店设计为例。实体书店空间应同时满足消费者的物质和精神需求。首先，物质是表现情感空间的首要条件。其次是对高层次精神因素的补充。最后，通过消费者的参与，可以构建情感体验空间。物质需求作为情感体验空间环境的首要要素，主要包括两个方面：一是指物质的功能方面，如书店的流线分析、空间布局、家具、灯光、音乐、嗅觉刺激等。二是指空间的视觉美，如何准确把握空间尺度、色彩、选材、陈设与布局等，并营造空间的形式美，即在消费者的感官体验中全方位考虑书店氛围的营造，调动消费者积极参与书店文化，并从感受中获得心灵的慰藉与放松，从而实现书店空间的身份认同。

（2）行为层面的情感体验

行为的情感体验作为情感的第二层次，强调人的参与，这种参与主要来源于人在参与过程中感受到的使用功能。如果一个优秀的产品具有良好的功能性和舒适性，能够充分满足人们的需求，那么在使用的过程中就会给人们带来积极的情绪。如果功能不足，产品就是故障。

空间的情感体验也是如此。比如人在一个冰冷呆板的空间里，会有排斥和消极的情绪体验，在一个温暖舒适的环境里，会有充满喜悦和幸福的感受。行为的情感体验最终强调的是人与物的互动。随着技术的不断发展，人们对体验的要求也越来越高，所以以人为本的设计才能真正满足人们的需求，得到人们的积极反馈和体验。

（3）反思性情感体验

反思水平作为情感体验的最高层次，受个体认知、个性、理解、体验、生活环境等因素交织影响。人对事物的感受和情绪有不同层次的情感体验，有不同层次的反映，人自身的判断决定了对事物和行为的接受程度。根据人们的感受，不同的材料有不同的含义，不同的颜色暗示着不同的情感，不同的文化符号也象征着不同的情感含义。人们的情感往往受到那些承载记忆的东西的启发，比如一张旧邮票或一本旧书。它们本身价值不大，但因为承载了一定的意义，会让人产生怀旧的感觉。每个人都有自己的认知系统和情感系统，对事物的反思和体验水平不同。

4.情感体验设计的特征及应用研究

（1）情感体验设计的载体属性

目前市场上应用情感体验的相关产品来看，主要有以下载体：实体产品、移动应用、服务系统等。

①实体产品

实物产品是用户接触最频繁的产品，情感体验可以在产品形态、色彩、材质上激发消费者"立即拥有"的欲望。例如，在数码相机领域，Chien-Cheng Chang等人讨论了设计元素给用户带来的视觉舒适性，并将其应用于设计实践。

②网站、移动应用等计算机产品系统

移动应用不仅可以增加物理产品的情感体验附加值，还可以作为独立的互联网产品。如果情感是前者，就要保证从产品到应用的连续性；如果是后者，就要把握7秒定律，快速让用户感觉良好、熟悉应用。例如，Payanch等人讨论了界面设计与用户生成的可用性和愉悦体验之间的关系，并将其应用于实践。

③服务体系

由于体验设计的非物质性，情感体验设计也能让用户在无形服务中获得感知。由于服务是一个由许多活动和事件组成的过程，它旨在为用户提供物质或精神价值。例如，Ced等人讨论了餐饮服务领域顾客对酒店服务质量的感知，包括酒店的环境因素、与服务员或其他用户的互动，并分析了用户体验价值与满意度之间的关系。

（2）情感体验设计的特征分析

①引导

体验设计可以调动用户的情绪。所有情感体验的引导都可以分为两个方向。一是围绕改变用户负面情绪或引导正面情绪而产生。这个目标也代表了情感体验的价值，例如，帮助患者克服对医院或医疗设备的恐惧。有时候，积极的情感引导也可以在激励用户追求长期目标方面发挥关键作用。比如通过明确可实现的目标，不断反馈，不断强化用户的积极情绪，从而独立实现目标。比如，通过使用ANT FOREST的"得到一棵树苗"的目标和植树过程中苗的拟人化的反馈，不断强化用户的情绪并内化为个人目标，从而自发地实现目标。二是增加用户的沉浸式体验，主要用于游戏领域。不同的设计传达了游戏场景的不同特征，引导用户有不同的情绪，比如佛罗伦萨通过大胆的色彩推动故事高潮，引导用户感受快乐，也通过低亮度的色彩和随意的布局向用户传达"碎片化"的剧情氛围。通过一些表现手法将故事的情感从潜意识中传达给用户，用户的情感在使用产品的过程中不断得到强化。

②励志

启发是指在整个设计过程中承认情感是设计的主体，注重调动用户的情感，从而积极参与使用的过程。激发用户的情绪可以通过"改变认知"的手段来实现。比如在治疗患者或使用医疗器械的过程中，被认为是一个"痛苦"的过程，产生负面情绪。通过设计将患者的认知转化为"希望"，用户在接受治疗的过程中情绪会趋于积极。灵感情感体验设计也对设计师提出了更高的要求。在设计过程中，需要充分了解用户的心理特征和需求，以及如何建立积极的情感认知，从而充分调动用户的积极情绪。

③交互性

交互和反馈是用户与产品建立情感联系的一种方式，情感体验是在使用产品的过程中传递给用户的，因此交互性是情感体验最明显的属性。交互的结果是满足用户的目的和需求。例如，执行任务、查询和接收某些信息或完成某些活动。这种人与物的互动必然会给用户带来一些相应的情感体验，从而引起用户的回忆和反思。

我们可以从"人—产品"和"人—产品—人"两个方面来分析情感体验的交互特征。其中，"人—产品"的认知和情感交流可以称为人机交互。在这种互动交流的方式中，情感体验是指产品通过功能、形状、色彩、材质等物理功能属性向用户传递一定的情感信息，用户感受到产品传递的情感信息并做出反应（接受或拒绝）。当用户产生积极的情绪并积累到一定程度时，心理和情绪之间就会产生相互的反应，即情绪共鸣。在"人—产品—人"的情感互动中，以产品为载体，建立人与人之间的沟通与互动。不仅有人与产品的互动，还有人与人之间的互动，我们称之为"人际互动"。人际交往可以分为两种方式：一种是通过语言、面部表情、肢体动作和眼神进行交流的外在形式；另一种是内在形式，即外在形式作用于内在情绪反应。在日常生活中，产品可以建立人与人之间的情感交流和体验。

④双面

随着用户认知的差异，情感体验设计不仅能给用户带来正面体验，还能激发负面情绪。因此，在情感体验设计过程中，设计师要明确用户群体需求的共性和差异。

积极和消极的情绪都可以作为设计师借用的工具。例如，在应用程序中，优雅的界面、细腻的动态效果、舒缓的声音指示等，会让人感到幸福。在大多数情况下，设计师试图创造愉快的体验来追求积极的情绪，但积极和消极的情绪对于设计都是必不可少的。比如在填写表格时，红色的错误显示、抖动的弹出窗口、禁用状态下的灰色按钮，都会让用户在使用产品时感到紧张，即使不明显，也能激发用户的负面情绪，让用户立即发现并改正错误。

（3）情感体验设计的应用领域

目前情感体验设计已经在很多领域得到了应用，而目前研究最深入、应用最广泛的领域就是游戏领域。

情感设计具有普适性，以产品、移动应用和服务为载体，已经应用于不同领域。设计师在不同情境下满足用户的情感需求，深化用户与载体的联系，从不同维度提升用户体验。

第二章 文创产品的设计现状与趋势

第一节 文创产品的内涵与外延

随着科学技术的进步和经济全球化的不断发展，人类社会进入了知识经济时代。在知识经济时代，文化和创造力构成了促进经济快速增长的新生产要素。在英国、美国、日本、韩国等发达国家，文化创意产业已经成为推动国民经济增长的支撑力量，与文化创意产业发展相关的管理方法和知识产权保护制度也日趋成熟和完善。近年来，我国文化创意产业发展规模越来越大，辐射范围越来越广，建立了环渤海创意产业园、长三角创意产业园、珠三角创意产业园等文化创意产业发展核心区。

世界和中国文化创意产业快速发展的现实，使得社会各界加强对文化创意产品和文化创意产业的研究成为必要和必然。从营销的角度，如何界定文化创意产品的内涵？文化创意产品的外延如何划分？文化创意产品营销遵循什么规律？研究这些问题，对于厘清学术界对文化创意产品和产业的认识，引导和促进我国文化创意产业健康快速发展，进而增加就业、改善民生，具有积极的理论和实践意义。

一、文化创意产品的内涵

1. 产品概念

在营销中，产品是营销组合中最重要和最基本的要素。我们对文化创意产品的分析是从产品的概念开始的。市场营销师菲利普·科特勒（Philip Kotler）说："产品是能够提供给市场吸引人们注意力，被人们使用或消费，满足一定欲望或需求的任何东西"。科特勒认为，产品满足人们不同层次的需求和欲望，所以产品是作为一个整体存在的，所以也叫产品整体。按照从内向外的顺序，这些级别包括以下几个方面。

①核心产品，即产品提供给客户的基本效用和利益，回答了客户需要什么的问题。

②形式产品，即核心产品以什么方式回答客户的核心需求，包括质量、款式、特点、商标和包装等。

③期望产品，即与买方期望的产品密切相关的一组属性和条件，回答了客户期望中产品在各方面满足客户需求的水平或程度。

④延伸产品，即顾客购买正式产品和预期产品时，附带获得的各种利益的总和。这些福利是附带提供给客户的，所以是免费的。

⑤潜在产品，即现有产品可能发展为未来最终产品的潜在产品，反映了产品可能为客户提供的潜在和未来利益。

因此，界定文化创意产品的内涵，也要从以上五个方面进行分析。我们要明确：文化创意产品满足的客户核心需求和利益是什么？文化创意产品有哪些方式或类型？顾客在消费文化创意产品的过程中会有哪些期待和要求？文化创意产品给客户提供的附加值是什么？文化创意产品为顾客提供的效用和收益的发展变化趋势和规律是什么？

2. 文化产品和文化产业

"文化"一词在西方的原意是耕种土地和植物，后来引申为培养人的身体和精神。在中国古籍中，文化的意义就是文学治理和启蒙的意义。随着时代的发展和社会的变迁，"文化"一词在现代有着丰富而深刻的内涵。不同的学者、大师和政治领袖对文化做出了不同的定义。国内学者徐仲伟说："总的来说，文化是一个复合的整体，有一定的内在结构和广义、狭义之分。广义的文化是指人类创造的一切物质产品和精神产品的总和，是人类改造自身、改造社会和改造自然的一切活动及其成果。它标志着人类的进化过程……狭义的文化是概念文化，它属于人类的精神生产活动。不论广义还是狭义，其核心都体现为价值观和思维方式。"无论是从国内外文化创意产业发展的实际看，还是从《文化创意产品营销》学科的构建讲，这里的"文化"都应该指狭义的文化概念，即精神产品或文化符号。因此，文化产品是指任何能够提供给市场吸引人们注意力、被人们使用或消费、满足精神需求或欲望的有形产品和无形服务。相应地，文化产业是指以工业化方式生产文化符号或精神产品，以满足人们精神消费需求的企业或机构的集合。

3. 创意和创意产业

"创意"一词在日常生活中被广泛使用，它不同于既定的观念和想法，具有创新和美化的意义。作为一个与行业相关联的创意概念，它在理论上有着特定的含义。按照李冬博士的说法，"理论形式的创造力概念至少包括三种不同的含义：广义创造力、个人创造力和经济创造力。"其中，"广义的创造力是指一切可见的创造现象……体现在人们的精神生产、意识形态和思维方式上，也就是说，创造力渗透到人类社会的方方面面。""个体创造力"是指"个体的梦想、灵感、直觉、情感、天赋、智慧等，自由地倾注在创造性的作品中"，这意味着个人创造力和想象力的过程。"经济创造力"是指"创造力的物化形态开始作为商品生产、流通和营销，这与工业的目的有关，即使创造力走向工业，实现工业化"。"文化创意产品"一词中的"创意"从其与产品和产业的联系来看，既指经济创意，即工业化和商业化的创意。

关于创意产业的概念，世界各国（地区）根据本国（地区）的实际情况给出的定义不同。1998年，英国政府在《创意产业特别报告》中将创意产业定义为"源于个人创造力、技能和才能，并具有通过开发和应用知识产权创造财富和就业的潜力的产业"。中国台湾地区使用"文化创意产业"的概念，将其定义为"源于创意或文化积淀，通过知识产权的形式和应用,具有创造财富和就业机会,促进整体生活改善的潜力的产业"。从这些概念中,我们不难看出创造力的核心地位及创造力与文化的密切关系。

4. 文化创意产品的定义

通过以上对相关概念的分析,我们对文化创意产品的定义如下:任何与特定民族和地区的文化背景相关,源于个人才能、灵感或智慧,通过工业化生产、消费和营销,以满足人们精神需求和欲望的有形产品和无形服务。

满足人们精神需求的文化创意产品也可以分为五个层次。

①文化创意产品的核心产品是指满足人们精神需求的产品性质,如满足人们对知识、审美或体验的需求,或各种精神需求的组合。

②文化创意产品的正式产品以满足人们精神需求的方式或类型为代表,在现实经济生活中,以文化创意产业所包含的各个行业和部门为代表。

③文化创意产品的预期产品反映了各方面满足人们精神需求的程度或效果,而这种程度或效果的提高有赖于文化创意产品的成功营销。

④文化创意产品的延伸产品提供给消费者的附带利益主要是指各种精神活动能力或水平的提高。比如知识的拓展、审美情趣的提高、分析问题能力的加强等。而且这种附带利益具有明显的自我强化效应和正外部性。

⑤文化创意产品的预期产品充分体现了以创意为核心、创意无限的特点。人们满足精神消费需求的方式是无限的、不断变化的。因此,文化创意的预期产品也要充分满足和反映人们精神需求不断发展变化的需求和规律。这才是文化创意产品营销的应有之义。

二、文化创意产品的延伸

文化创意产品的外延是指在现实经济生活中哪些产品或服务属于文化创意产品。具体来说,这些产品代表了文化创意产业的行业类别划分。一方面，文化创意产品在设计、构思、制造、营销、消费等方面都有自己的特点和规律。另一方面，不同国家和地区根据各自的实际情况和经济发展的实际需要，对文化创意产业的构成进行了不同的划分。因此，我们根据层次和国家对文化创意产品进行分类。

1. 层次分类

根据产业链上下游关系和产品创新程度，我们将文化创意产品分为核心文化创意产品、外围文化创意产品和延伸文化创意产品。从营销中的产品整体概念出发，可以明确文化创意产品在哪些层面满足人们的精神需求。

（1）核心文化创意产品具有思想性和创新性

这类产品具体包括新闻、出版、报业、电影、广播、文化表演等。核心文化创意产品具有原创性和思想性，是文化创意产品中最具创新性的品类。它们主要回答消费者精神需求的本质和核心内容，作为核心产品存在于整个产品中。

（2）周边文化创意产品的主要特征是创意的转移

此类产品具体包括音视频、计算机软件、互联网、电信、工业与建筑设计、广告、旅游、服装设计、体育与娱乐等。周边文化创意产品体现在实现理念、文化、创意的具体方式上，回答了消费者精神需求如何满足的问题。因此，周边文化创意产品在整个产品中属于正式产品层面。

（3）延伸文化创意产品的主要特征是创意的不相容性和非排他性

这一类产品主要包括园林绿化、展览展示、工艺品、商业服务、文化设备等。延伸文化创意产品的非排他性体现在消费者在满足精神需求的过程中获得的利益和效用上。不仅如此，由于文化创意产品消费的正外部性和自我强化，这种附带利益和效用将不断变化和创新。因此，延伸的文化创意产品在整个产品中属于预期产品和潜在产品的层次。

2. 国家分类

不同国家文化创意产业的发展是先有后有，发展的重点和方式也不同。每个国家的政府都根据自己的经济发展实际对文化创意产业进行了不同的分类。

（1）英国

英国政府最早提出创意产业的概念，同时将文化创意产业分为13类：广告、建筑、艺术与文物贸易、手工艺品、设计、服装设计、电影、互动休闲软件、音乐、演艺、出版、计算机软件、电视产品和DVD。这种分类的特点在于，既强调以构思、设计为核心的文化创意产品特征，也强调依托高科技的现代文化创意产业特征。

（2）美国

美国政府称文化创意产业为版权产业可分为四类。

①核心版权产业，包括版权作品或其他文章的创作、制作和制造、表演、宣传、传播和展示、发行和销售等产业。主要行业包括图书版权出版、文学创作、音乐戏剧制作、歌舞、影视录制、广播电视、摄影等。

②跨版权产业，包括生产、制造、销售版权产品的行业。主要行业有电视机、收音机、录音机、激光唱机、应答机、视频游戏设备等相关设备，包括这些设备的制造、批发和零售。

③版权产业的一部分，即部分产品是版权产品。主要行业有服装、纺织品和鞋类、珠宝和硬币、其他手工艺品、家具和家居用品、瓷器和玻璃、壁纸和地毯、玩具和游戏、建筑、工程、测量、室内设计、博物馆等。

④边缘版权产业，包括其他版权作品或其他文章的推广、传播、发行或销售，不归类为核心版权产业。包括大众运输服务、电信和网络服务等。

这种分类方法的特点是强调知识产权保护在文化创意产品设计、生产和营销中的重要性。

（3）日本

日本政府将文化创意产业分为三类：内容产业、休闲产业和时尚产业。动漫产业的发展在日本文化创意产业中独树一帜。日本是世界上最大的动画制作国和出口国，在世界市场的份额为60%，在欧洲市场的份额为80%。这种文化创意产业发展模式充分体现了日本的民族文化特色。

（4）中国

2006年12月，北京市政府发布了《北京市文化创意产业分类标准》，参考了中国香港、中国台湾、英国、美国等文化创意产业发达地区的分类方法，从文化创意产业链条的拓展和延伸角度，将我国文化创意产业发展划分为文化艺术、新闻出版、广播电视、电影、软件、网络和计算机服务九大类。

总之，从层次和国家的角度划分文化创意产品的外延，不仅有利于我们在实践中结合中国经济发展的实际情况和民族文化的特点，一个接一个地发展文化创意产业，明确其发展方向、目标和途径，而且有利于我们从理论上厘清丰富复杂的文化创意产业的内在联系和规律，从而为文化创意产品营销学科建设提供理论依据。

从内涵来看，要明确文化创意产品在整个产品中各个层面的具体内容。从外延来看，要结合民族地区的文化背景和经济发展的实际需要，对文化创意产品进行分类，从而选择适合自己的文化创意产业发展模式和目标。界定文化创意产品的内涵和外延，既是引导我国文化创意产业健康发展的前提，也是理论研究和学术创新的基础。

第二节 文创产品设计的现状和主要问题

一、文创产品设计概述

1. 文化创意产品设计的定义

文化创意产品设计创造性地将文化内容转化为设计元素,将现代设计思维方式与现代科技、生产方式等相结合,并生产满足现代人审美和精神需求的新产品。文化创意产品不仅是一种商品,也是一种艺术衍生品。在文化创意产品中,文化是产品的内涵,创意产品是表达和传播文化的载体。其意义在于促进文化传播、经济发展、满足消费者精神需求。联合国教科文组织将文化和创意产品定义为:传达观点、符号和生活方式的消费品。文化创意产品和普通产品最大的区别就是包含了文化和创意两个层面。肖琪认为,文化创意产品通过产品设计创新传达文化内涵,传承文化精髓,创造文化认同。李鑫认为文化创意产品的本质是创意的生成,要把文化创意产品的创意理念建立在文化层面上,发展经济产业链,以知识驱动经济。周雅琦认为,文化创意产品是文化转化为创意后的附加值产品。根据文化内涵、设计理念和产品特点,形成具有创意效益的产品。

2. 文化创意产品设计的特点

随着文化创意产业的加速发展,研究者开始从不同方面对文化创意产品设计的特点进行细致的理论研究,以增强对文化创意产品设计的科学理解和驾驭能力。

(1) 文化创意产品的生产特点

凯夫斯认为,创意产品具有以下特点:需求的不确定性、设计师对自身产品的密切关注、创意产品需要各种元素、创意产品的独特性和差异性,以及创意产品的长期可持续性和盈利性。魏认为,文化创意产品具有生产成本的复杂性、创新性、需求的不确定性、流通过程的共享性和可复用性等特征。此外，张乃英还列举了文化创意产品价值的使用价值和不确定性、应用过程的附加值及知识产权保护等。

（2）从文化创意产品的消费特点来看

焦斌龙认为，文化创意产品成为真正的利益源泉，具有：①消费的非排他性与排他性并存；②消费的竞争性与非竞争性并存；③产权的部分交易逐步获得；④公有产权与私有产权并存的特点。消费者根据自身的个性特征，尤其是设计智能，对同一产品设计的识别、分类和评价有不同的感知和反应。

（3）从文化创意产品的艺术设计特征来看

智婉莹认为，文化和创意产品的特点是技术含量高，在风格、基调和艺术及装饰和娱乐方面存在差异和多样性。颜曦认为，文化创意产品的设计具有文化性、创新性、情感性、功能性、艺术性和可行性的特点。江天若从博物馆文化创意产品和消费者的角度出发，认为文化创意产品具有文化性、创新性、品牌性、宣传教育性等特点。

3. 文化创意产品设计流程

（1）文化创意产品设计的过程就是符号传递的过程

文化创意产品的研发过程是一个符号吸收、过滤、加工和翻译的过程，即通过提取原始载体的形状、材质、工艺、文化符号和精神内涵，通过抽象加工，将其翻译成具有现代美学、文化语言承载、实用功能和易用性的产品。

（2）文化创意产品设计的过程是一个情感同构的过程

文化创意产品设计的过程可以理解为市场在继承传统产品设计方法的基础上影响同构的过程。

4. 文化创意产品设计的价值

目前对文化创意产品价值构成的研究持有多样性的观点，主要体现在经济价值、文化价值与社会价值层面。

（1）经济价值

通过研究文化创意产品设计，根据其特点分析经济价值可促进文化产品的消费，带动文化创意产品的发展及经济的可持续发展。经济价值包括对产品的功能性、社会的生产力、社会经济的发展等价值。文化创意产品必须使消费者愿意为某种文化属性支付费用，具有消遣性和营利性，以满足人民群众的使用需求及产生经济效益。

①促进经济增长

文化创意产品将文化资源、创意概念承载到产品设计中，转换形成物质化的东西，也属于产品的一部分，需要遵循价值规律通过售卖带来直接或间接的经济增长。

②附加值的增加

在产品的生产过程中，通过智力劳动、生产营销等环节对产品产生附加值，提升产品自身的价值。

③实现产业价值，优化文化创意产业结构

文化创意产品设计的发展能优化经济结构和产业结构，拉动居民消费结构升级，为产品和服务提供加值增长，推动文化创意产品升级，从而推动经济的发展。

④满足消费者的需求

文化创意产品设计结合生活的方方面面，以满足消费者的个性需求，让生活充满趣味，提高大众的生活品位和质量。

（2）文化价值

文化创意产品设计所产生的影响，除了产品功能上需求，还包含了特殊的认知、审美等方面的需求。文化创意产品中文化的价值是消费者积极作用于社会、创造新文化的重要途径。

从文化价值方面，包括文化的创新性、传承性，对艺术审美和人文环境等方面的价值，文化创意产品必须符合消费者的文化理解能力和文化需求，来提高消费者的思想道德和科学文化素质。

①传承文化唤起人们的文化意识

文化创意产品设计利用创造力与产品文化附加值提高消费者的购买欲望,有利于人们了解更深层次的文化内涵及文化魅力,对所处文化环境给予了理解和尊重。让传统文化延续,唤起人们的文化自觉意识,促进文化价值观念的形成,使消费者达到内心的自我升华。

②继承并发展文化脉络

文化创意产品可以直接和快速地传播文化。文化创意产品流通,不仅促进了商贸的发展,还带动了不同区域文化的传播。人们可以通过不同文化创意产品去了解不同产地文化、工艺技术水平。随着时代的不断发展,不同时期文化创意产品设计所呈现的视觉形式与反映的社会文化形态也不同。

③提高艺术审美

文化创意产品能够挖掘和提升生活文化,把握生活方式的变化,通过设计传达艺术审美。使消费者在体验的过程中感受到设计者的主观意识,获得审美价值,实现人们对传统文化和艺术美的追求。

④扩大文化影响力,塑造人文环境

文化创意产品利用全球资源信息共享平台,在坚持文化差异和文明多样性的基础上,保持本土的文化特色,消除文化误读,提高公众对文化的认知度。建立世界文化认同,扩大文化的传播力和影响力,使文化创意产品具有国际吸引力和竞争力。

(3)社会价值

社会是由经济基础和上层建筑共同构建的整体,文化创意产品设计除了具有一定的经济价值和文化价值,还具有社会价值,包括对社会、其他学科、其他行业、人际关系及自然环境的影响。

①促进人际关系

在购买文化创意产品后,可以馈赠给亲朋好友,将文化创意产品传播到各处,通过朋友的推荐,能够让产品获得更好的评价。不仅提高了文化创意产品的知名度，也在无形之中加强人际关系。

②扩大就业机会

一款文化创意产品的完成，需要经过调研、设计、产品制作，这些步骤可以提供大量的设计、工厂制作的岗位。如果要让文化创意产品扩大规模的生产、传播，则其销售、推广过程，更加需要各行各业人才的共同参与，这些都可以创造就业条件，扩大就业机会，对我国就业困难的社会现状起到一定缓解作用。

③构建可持续发展的良性道路

文化创意产品的设计与生产时，除了注重设计的经济利益和文化体验，还会谨记社会责任感，对其设计出来的产品是否形成了正确的价值观、审美观引导及所用材料是否会造成环境污染、资源浪费情况等方面进行思考。

二、当前文创产品开发设计的现状和存在的问题

（一）中国文化创意产品的现状

中国的文化创意产品正处于蓬勃发展的探索阶段，在这个过程中也出现了一些问题，例如，并没有形成良好的秩序和规范、文化创意产品缺乏平台和渠道等。整体观察我国当下文创行业遇到的问题我们可以得出，这个领域想要长远地发展就需要重点扩建众多平台，挖掘更多渠道。还有一些文创相关领域的工作者在面对最新科研技术、最新的市场变化、最新的传播环境时难以及时跟进从而产生的作品呈现滞后古板的情况。追本溯源，文化创意产品的良性发展，需要产品的质量创意，还需要合理的平台与渠道的支撑。

（二）文化创意产品设计中存在的问题

1. 产品同质化，没有创新

文化创意产品是全方位覆盖设计层面的一种新型创意方式，不是单一

的一种设计形式。但是许多人单纯地把文化创意产品局限在一种领域，比如：抱枕、书签等许多小的产品中。这些文化创意产品在当今设计行业飞速发展的大环境中不易被大家发现，会被埋没在整个时代洪流中，所以，创新还是文化创意产品现在面临的最重要的问题。有创新就有生存空间，就有广阔的市场前景，创新尤为重要。

文化创意产业近几年发展迅速，但是许多文创设计产品都有很大的相同点，都在不断地模仿和重复，没有太多实质上的创新点。在设计文创产品时，我们要始终将弘扬传统文化这个设计理念作为文化创意产品设计的关键支撑点，始终紧扣文化这个设计主题，以弘扬中华传统文化为设计的切入点。在设计方法、材料的选择上寻找到突破点和创新点，打破固有的设计思维，可以选用许多不同材质的设计材料，追求设计最原始的文化内涵。同时，也要兼顾设计的美感，准确了解现代市场需求，使观赏者既有精神上的感化，也有视觉上的享受。

2. 产品需求了解不足，没有市场

我们设计任何产品最先要考虑的就是消费者，理解消费者的感受，了解消费者的喜好，是做好一切设计的最重要前提。帕特里克纽伯里（Patrick Newbery）的《体验设计》里说，价值有无形、有形和期望价值。在书中他指出卖方有买方所期待的东西，这是价值本身固有的规律。文化创意产品最主要的就是要让消费者感受到中国传统文化的博大精深，深切体会到属地的文化气息，使消费者在精神上得到慰藉，心灵上得到洗礼。但是现在市面上的文化创意产品大都缺乏独创性，让消费者感觉文化创意产品都是千篇一律的，缺少设计内涵，缺少了与消费者心灵深处的沟通与交流。

3. 产品形式是相同的

由于文化创意人才缺乏、观念滞后等因素，目前很多文化创意产品同质化问题严重，存在"千人一面"的现象。例如，博物馆文化和创意产品大多是复制品和创意纪念品的集合。藏品复制品是对藏品中的文物进行高精度复制和模仿的艺术品。因为必须忠于馆藏文物的原貌，所以更好地保留了各个博物馆的特色。创意纪念品是从收藏品中提取文物元素，进行适当的创意、开发和加工，然后应用到各种产品中。目前不同博物馆之间，创意纪念品的形式往往相似，甚至很多博物馆委托同一家公司制作同类产品。因此，除了logo的不同，功能、形状、颜色、材质等都有所不同。几乎是一成不变，缺乏原创性，也无法体现不同博物馆的地域差异和文化特色。

4. 产品等级差异

不同的受众往往有不同的文化造诣、消费水平和购物偏好，文化创意产品要注意满足不同层次受众的购物需求。目前，文化创意产品中低价产品和高价产品严重两极分化。低价产品由于成本有限，做工不讲究，品种丰富。高价产品通常复制精度高，制作精细，价格昂贵。它们更适合单位之间互赠作为外事礼品，难以面向一般大众市场。

5. 产品很难串联

虽然近年来国家、大中型博物馆和地方政府对文化创意产品越来越重视，但大多数文化创意产品开发设计的整体规划意识仍然薄弱，产品与产品之间缺乏协同性，产品与特色文化之间也缺乏整体规划，具有人文内涵的文化创意产品很少。单品多，系列少，无法吸引二次消费，不利于推广宣传，更难以深度和广度挖掘产品的主题元素。

三、文化创意产品设计的路径

1. 文化层面：传统元素的传承与创新

中国历史悠久，孕育和发展了许多具有代表性的民间艺术形式，其中剪纸、木刻、陶瓷、书法和水墨画是杰出的代表。这些传统文化元素的精髓值得继承和发展。然而，在时代发展的洪流中，人们被各种信息所吸引和影响，逐渐淡化了对传统文化的关注，有些人对此不屑一顾，导致了当前传统文化形式的尴尬局面。如果不采取进一步的措施，这些优秀的文化元素将逐渐消亡，这对民族来说是一个巨大的损失。创意产业这一新兴产业的兴起，恰恰为保护和传承这一民族精髓提供了良好的温床，给传统文化形态注入了新的活力。它对传统文化元素的创新性、综合性的发挥和创造，不仅使传统文化元素焕发了新的活力，也使自身走上了更广阔的发展道路。

（1）介绍传统哲学

传统哲学在中国时代发展和社会进步的过程中有着深厚的基础，并渗透到人们的潜意识中，影响着人们思维和行动的方方面面。比如道家所倡导的"道法自然"和"天人合一"就是突出的代表，体现在中国诗歌、中国画乃至园林的建设中。将这些传统理念融入文化创意产品的设计中，可以传达出一种意境感和内涵感，从而大大提升文化创意产品的意境和内涵，有利于提升整体设计效果。一个最低限度设计的香炉融入了"取半舍满"的哲学思想。它的整体造型非常简单。它将直线与圆形、正方形以几何形式有机结合，表达一种回归本真的心境。它没有使用多余的装饰，也没有过分强调功能。相反，它以一种看似冷漠但有意义的形式引导人们，反映出一种忠于真实状态的宁静和冷漠。

（2）创新传统文化形式

传统文化形式的多样性确实有很大的参考价值，但固守传统或盲目创新都是产品设计中不正确的做法，很难达到理想的设计效果。这是文化创意产品设计中必须注意的一个主要方面。正确的做法是继承和发扬传统文化的精髓，挖掘和放大其内在含义，将传统与现代结合起来设计和开发文化创意产品，从而探索出更多元化的创作空间。比如炖锅的设计就是文化创意作品的杰出代表。设计师在设计时，以北宋画家崔白创作的《双喜图》中的喜鹊形象为原型，用喜鹊代表的喜事的美好寓意来表达喜事回家的情感。这样，原本单一的厨房炖锅因为设计师的精心设计，可以更好地为人们服务，不仅让原本枯燥的厨房事务变得轻松高效，还引导人们在不断的进步中大胆尝试创新，形成自己独特的见解。

（3）整合人们的生活经验

其实很多文化创意产品设计的灵感都来自生活体验。借助生活中的某个细节或场景，我们可以表现一种态度，提升整个产品的文化品位，从而抓住人们的痛点。比如在CD播放器的设计中，最神奇的就是它的开关。它地开关设计并不是市场上常见的形式，也没有应用高科技，只是简单的设计成一根拉绳，和过去人们使用的老式电器的开关一模一样，很容易唤起人们内心柔软的情感体验，让人忍不住去拉这根拉绳。通过这个动作，CD播放器被成功"唤醒"，音乐慢慢飘出。

总之，传统元素是一种象征符号，可以是具象的，也可以是抽象的，但无论是什么形式的存在，它总是具有很强的辨识性和普遍的认知性。设计师在设计和运用这样的元素来充分整合和推广文化创意产品时，不能简单地照搬照抄，而应该结合实际提炼精华，借助现代艺术手法实现更高的艺术表达，让设计出来的文化创意产品更好地满足时代发展和人们的需求，更好地为用户服务。

2. 创意层面：多概念融合创新

（1）创意产品设计研究应融入多学科，增强科学性

目前，文化创意产品设计的研究主要集中在描述性概念分析上，关注文化创意产品的定义、性质和政策。然而，文化创意产品设计的发展涉及面很广。如果能够从经济学、统计学、传播学、文学等学科的角度进行研究，将客观有效地提升研究的科学性。

（2）文化创意产品设计的研究应增加生态理念的研究，增强与自然的和谐

当今社会资源开发和环境保护问题突出，人们越来越重视与自然生态环境的协调。在未来的文化创意产品设计研究中，应更加注重与生态理念和绿色设计的结合。文化创意产品的设计必须是与自然环境相协调的生态设计。融合科学、技术、人文、绿色四大理念开发推广文化创意产品，有

助于节约能源资源，保护生态环境可持续发展。

（3）文化创意产品设计需要提升品牌的发展意识，加强可持续性

高度发达的技术和快速传播的信息使得产品的技术和管理模式容易被模仿。因此，在创意产品设计的文化资源开发研究中，应加入品牌和文化创意产品市场的理论研究。以文化为核心资源，建立消费认知，打造文化专属品牌产品，即文化衍生产品，形成文化品牌，可以提升文化创意产品的影响力和生命力。

（4）可持续发展平台建设研究

文化创意产品设计不再仅仅是简单的外观创意设计。涉及产品质量管理、美学设计、品牌建设、服务、创新人才、创新环境、产业链等深层次问题，包括各种设计和文化资源的布局和管理，以及产品管理、营销策划等相关策略的统筹和部署。将教育、研发、生产、销售、消费等领域有机结合，理顺文化产品设计开发全渠道，为文化创意产品设计可持续发展提供机遇和平台。

第三节　文创产品设计的发展趋势

一、时代变迁推动了文化创意产品的设计创新

目前很多实用文化创意产品的外观风格和功能结构基本是继承传统的"造型"。这虽然在感知上能保留"传统风格元素"，但在"装饰换装饰"的"符号设计"中往往失去了产品功能结构的创新，忽视和脱离了当下的时代背景，甚至脱离了当代人快节奏的生活方式和审美变化的需要。

（一）未来文化创意产品设计要注重人性化和情感化

文化创意产品的属性可以分为两个方面：一是文化创意价值属性，二是经济价值属性。文化创意价值属性是指文化创意产品所表达的人类精神

活动的内涵和影响。由此可见，文化创意产品的设计应承载人类社会的文化性和创新性，并密切关注人类文化的创意设计元素。

在中国传统文化中，"人文"一词源于古书《易经》，与"天文"相对："文明以人道而终。'文明以止，人文也。观乎天文，以察时变，观乎人文，以化成天下。'"可见，当时的人文主要是指人类社会中的礼仪和道德。随着历史的变迁和社会的发展，中国传统文化中的人文精神也在不断发展。经典的儒家经典、佛教和道教对中国传统人文精神有一定的影响。中国传统人文精神主要体现在对人与万物（自然）、人与社会、人与神、人自身道德伦理关系的不断发展和探讨。在产品同质化严重的今天，文化创意产品更应该在优秀传统文化的基础上注重人性化、情感化的设计，在态度、理念、情感上满足用户对文化符号的追求，满足"以人为本"的市场需求。从这个角度来看，从传统文化的角度来看，文化创意产品应该在设计、制造、使用和审美的过程中形成情感符号、社会隐喻和文化形态。

从文化创意产品的材质、造型、色彩、内容等文化语境出发，揭示如何在社会历史层面和创意设计层面把握文化创意产品的设计。

1. 现代主义设计中的人文关怀取向

在东西方现代设计思想中，人文主义一直受到设计师的青睐。以人为本的设计理念在一定程度上是经济社会发展的产物。在相对发达的社会环境下，人们的物质需求得到更好的满足，商品越来越丰富，同质化现象越来越明显。人们在消费产品时，不仅消费产品的功效属性，还消费产品的形式属性和附加值属性，期望从产品中获得更多的精神消费和价值认同。在传统文化中，人文精神的主体是人。社会经济快速发展的消费时代，文化创意产品的设计要强调以人为本，不断关注人文层面的精神元素，从而在继承传统文化精髓的同时进行有针对性的设计。

（1）西方现代主义设计中的人文关怀

斯堪的纳维亚（包括丹麦、瑞典、芬兰、挪威和冰岛五个北欧国家）

的设计是西方现代主义中最具人性化的设计。在第一次世界大战之前,由于没有受到工业革命的影响,这个地区有着浓厚的传统手工艺氛围。"少即是多"的简约风格与实用的功能主义设计思想相结合,使传统手工艺与现代主义设计思想相得益彰,形成了独具特色的斯堪的纳维亚设计风格——强调设计的人性化、产品的人情味和人体工程学。这几点其实都强调了以人为本的设计理念,注重人文,保留了人的心理和生理需求。"受现代主义设计的影响,斯堪的纳维亚设计师意识到有必要在产品形状、功能、材质、色彩、质感、耐用性和成本之间实现最佳平衡,从而打造真正民主的产品。"如设计师穆根森1949年设计的被称为"最美椅子"的圆背椅、设计师卡尔霍尔姆1965年设计的不锈钢藤椅PK24、设计师阿尔托1970年设计的拉赫蒂教堂、设计师潘敦1998年设计的潘敦多功能椅等一大批优秀设计,都在寻求人性化与民主设计的平衡。斯堪的纳维亚的设计理念值得创意产品设计师学习和借鉴。

(2)东方现代主义设计中的人文关怀

东方文化和西方文化有显著的差异,所以东方设计风格和西方设计风格也有显著的差异,但有一个共同点,那就是都注重人文关怀。在东方的现代主义设计中,日本作为一个设计国家,在人文关怀方面有其鲜明的特点。"日本设计在处理传统与现代的关系上采用了所谓的'双轨制度':一方面,在高科技设计领域根据现代经济发展的需要进行设计;另一方面,在服装、家具、室内设计、工艺品等设计领域系统研究传统文化,以保持传统风格的延续。"工业设计师喜多俊之一直致力于将濒临灭绝的传统工艺和材料融入现代设计,强调设计取自自然,属于自然。这种绿色设计理念归根结底是建立在人与自然和谐共处的基础上,注重人文关怀。设计师原研哉在阐述他的设计理念"RE-DESIGN"或"Redesign"时提出:"解决社会上大多数人面临的共同问题是设计的本质,在解决问题的过程中——也是人类能够共同感受到的那种价值观或精神。"原研哉的"再设计"意味着设计要以人为本,满足人的自我价值的实现,这才是有效的设计。中国当代的产品设计理念也更加注重"以人为本"的设计理念，也应该注重人文关怀，应该突出"人"在具体操作中的重要作用。而"人文关怀"可以成为产品设计价值重塑的重要价值导向方法和具体方法论。文化传承要从触动人们的情感开始，但以产品的形式延伸到人们的生活中，可以吸引人们对传统文化的关注，与消费者沟通设计师对传统文化的热情。

（3）现代设计符号化的人文关怀

从设计符号学的角度来看，符号是文化积累和传承的最基本载体。"所有文化或文明都依赖于符号。正是使用符号的能力使文化得以产生，正是使用符号使文化得以延续。"相反，符号所传达的价值或意义是社会群体独特文化的总和所赋予的。"文化是人类为了满足物质和精神需求而不断创造的一切成果的总和，是作为文化主体的人在创造过程中进行的自我更新和自我完善的活动。"因此，文化符号是人类自我内在层面的精神表达的视觉形式，是用来传达身份信息和区分其他事物的符号性视觉符号。"文化包括一套工具和一套习俗——人的或精神的习惯，它们直接或间接地满足了人类的需要。"当一个社会群体遇到符合其精神需求的文化符号时，就会热衷于追求这种外在符号来标榜自己的地位和人格表达。现代主义设计中的人文关怀，就是充分尊重和关怀观众的文化需求。在产品设计中，既要在功能上满足受众的基本需求，也要找到契合受众情感认同的文化符号，满足受众更高的精神需求。

2. 人文关怀导向下的文化创意产品设计

"品家家品"品牌的核心诉求是"关注人文，以华人文化起家"。从跨文化的角度来看，其产品的设计理念表明中西文化的边界正在逐渐被打破和融合。优秀的东方传统文化作为一种精神图腾，让中国人更加渴望传承和发扬。西方文化对中国人来说是新奇的，让中国人更愿意尝试和接受西方文化带来的新事物，碰撞中西文化，产生文化火花。时间方面，将我国传统文化元素与现代设计理念相结合进行重新设计，让传统器物和生活习惯智慧有了新的面貌和传承。为了满足现代人个性化的生活品位和精神需求，"每一件产品"的设计都呈现传统元素与现代设计相结合、多元化组合的新型生活器皿。这种文化有机结合所创造的审美家居产品，旨在满足中国人心中"家"的情感亲近，提升中国人的生活品味，在中国传统文化的基础上，深刻阐释人文关怀文化符号的情感嫁接。文化符号是文化创意产品向公众展示其文化内涵和精神风貌的重要载体。"只有将传统符号所依托的视觉形象转化到更高的精神层面，才能提升产品的精神价值。"文化创意产品的设计应以传统文化为基础，以人文关怀为导向，从材料、造型、色彩、内容等方面合理挖掘文化符号，从而体现文化创意产品的人文价值。

（1）物质层面的人文塑造

随着科技的不断创新，新材料、新加工技术不断涌现，使得不同材料的组合及新材料的应用范围变得更加丰富和广泛。消费者在获得基本生活需求的同时，也在不断关注产品能否给他们带来更多的安全、舒适、环保、健康和个人利益。产品的材料是满足人们需求的基础，材料的性质和加工工艺直接反映了产品本身的性质。要想满足这一特性的需求，设计师在选择产品材料时就要考虑"人文关怀"的因素。现代文化创意产品要通过选材和设计，协调人与产品、社会、环境等有机系统中各种因素的关系。设计师可以通过设计产品材料的质地、尺寸、气味、质量、熔点和成分，满足消费者在触觉、嗅觉和视觉上的文化习惯。产品不仅是具有使用功能的工具，更是反映人、社会、环境关系的文化符号。"物质的神秘之处在于，它在一个场合是一种形式，但在另一个场合是一种意义……这种对艺术作品阅读和欣赏方式的改变，也是当代艺术语境中物质材料被赋予更多文化和精神特质的重要原因之一。"比如"品家家品"品牌生产的一款"书法西式餐具套装"，在西式刀叉勺的选材上，设计师采用了西式餐具中常见的不锈钢和POM（聚甲醛树脂），POM是一种相对耐高温的塑料，质地轻薄牢固，具有一定的韧性和弹性。这种材料的创新比传统材料更有优势。此外，西方传统餐桌上的刀叉不锈钢材质，是现代中国家庭的文化尝试和新体验。这种充分考虑用户体验的选材，给消费者带来了精神、文化和功能上的双重满足。

（2）造型层面的人文构建

文创产品外部形态的审美，既是产品内部功能结构最直观的体现，也是与消费者精神需求相匹配的标志性文化符号。在功能层面上，产品的造型和功能密不可分，人们可以从视觉造型中直接感知产品的功能，让人们更快地识别和熟练使用产品；然而，产品的功能为设计者在设计产品造型时提供了产品造型的依据。在文化层面，产品的造型传达了文化和精神价值的信息，具有一定的象征意义。例如，在中国古代，匈奴的金银器主要由动物形状制成。"动物造型不仅反映了匈奴的经济类型、生活状况和勇敢的民族性格，还上升到意识形态，将其作为图腾崇拜。"再比如上面提到的"品家家品""书法西式餐具组"。它的造型借鉴了宋徽宗赵佶的瘦金体。瘦金体笔尖细劲，线条流畅坚韧，细而饱满。它巧妙地融入了产品的造型中，具有薄薄的金身笔画。书法是中国传统文化的艺术表现。具有西式餐具金属材料的特点，东方流线的柔性与西方金属的刚性完美碰撞。餐具的手柄呼应了薄金书法的笔触，从使用者的角度来看，厚度和大小适中。在人文层面，这款产品兼具东西方文化内涵和现代设计中的功能主义特征，充分挖掘符合当代中国消费者对生活品质追求的文化符号，赢得消费者的情感认同，使产品不再是一个只有功能价值的冰冷物体，并为产品注入文化因素，具有人文关怀的文化理念，让产品与消费者进行情感交流，从而达到文化创意产品设计的最终目的。

（3）色彩层面的人文渲染

自古以来，人类对颜色有一定的感知，氏族用颜色和形状建立自己的图腾来标记和区分它们。"一般来说，颜色直接影响精神。颜色像琴键，眼睛像锤子，心灵像满是琴弦的钢琴，艺术家是弹琴的手。它有目的地弹奏琴键，使人的精神产生各种波动和反响。"这种颜色往往具有精神层面的感知，代表着一个氏族的精神寄托。从社会学的角度来看，不同的颜色在相同的文化环境中有不同的含义，同一种颜色在不同的文化背景中有很大的象征差异。自古以来，一个地区或一个民族对一种颜色的偏好取决于他们的生活环境、文化传承和情感偏见。在江苏南通，蓝印花布被用于红白喜事的方方面面。深蓝色布料在人们的日常生活中俗称绿布。"绿"和"亲"的谐音象征着双方婚后会相亲相爱，生活幸福。在我国大部分地区，红色主要用于喜事，因此在颜色的选择上要尊重当地的文化禁忌，不同地区或民族对颜色情感的感知也不同。此外，儿童产品的色彩要符合儿童心理发展的特点，一般采用鲜艳的颜色，让他们通过色彩感知达到精神上的兴奋和快乐。文创产品是美好文化的象征，颜色的选择不应违背当地的文化禁忌、年龄、性别、文化和生活习惯，尊重人性，选择符合当地文化的颜色，象征正能量和积极向上，符合当地人的色彩情感。

（4）内容创作的人文挖掘

文创产品不仅是功能性符号信息的载体，也是中国传统文化信息的载体，具有非常诱人的内在精神魅力。设计师在设计文化创意产品时，不仅要注重产品的功能，还要注入文化创意产品的文化内涵，这就要求文化创意产品的内在精神演变为具有吸引力和感染力的故事形式进行内容创作。故事与生俱来的感染力和吸引力是信息发送者捕捉信息接收者情感需求、感知事物文化魅力的有效途径。将故事的叙事方法运用到文化创意产品的内容创作中，可以为文化创意产品的文化实力增值，形成一系列根深蒂固的产品故事，更容易被消费者接受和认可。比如中国建筑师张永和为"品家家品"设计的葫芦形"西式碗碟组"，巧妙地融入了中国北方的家庭厨房文化，张永和以故事的形式巧妙地将童年北京生活的记忆带入作品中。在物质不是很丰富的时代，把自然生长的葫芦晒干，然后切成两半，就成了生活的工具。在当今社会，设计师对这道简单的进行了重新诠释，这让人们重新思考"家"的文化含义。"情景故事法能够有效设计出具有内在层次的文化产品，有利于产品文化创新。"设计巧妙运用情境故事法融入产品。设计师借鉴北方人舀水、淘米、吃饭常用的瓢的造型特点，利用中国传统的厨具、瓷器材料和西式不锈钢材料，设计出不同尺寸的西式锅碗瓢盆。不同的瓢形餐具和谐组合，用最简单的器具象征着现代"家"文化的和谐含义。造型方面，这套餐具一是先大后小，方便人们用餐时组合菜品，二是完美体现"家庭和谐"。

中国传统文化博大精深，千百年沉淀下来的深厚文化底蕴是现代文化创意产品研发设计的坚实基础和灵感源泉。从优秀传统文化中汲取养分，发掘提炼符合消费者精神需求的文化符号，是文化创意产品设计的核心。因此，具有人文精神的"文化符号"应该作为文化创意产品内容设计的重点来打造。现代主义设计所体现的传统文化元素的精神，就是注重人文。在吸收西方国家先进设计理念和日本等东方国家高品质设计精髓的基础上，中国文化创意产品设计要培育具有中国文化特色的设计风格。在把握市场需求、尊重受众审美习惯和文化倾向的基础上，充分融合人文理念，充分利用优质传统文化资源。现代设计中运用了能够满足观众需求的文化元素的精致符号。一方面可以提升文创产品的文化审美力，更好地满足消费者的精神文化需求；另一方面，它们可以极大地丰富产品的附加值，缩小产品与受众之间的文化认知和情感距离，有助于提升文创产品的商品力和市场竞争力。

（二）未来文化创意产品的设计要注重中国传统元素的应用

1. 中国传统元素

（1）中国传统元素的内涵特征

传统是指一个国家和民族经过漫长历史的沉浮而形成的思想、道德、艺术、风格等。作为一个时间概念，传统是不断运动的，而不是静止的。在设计师原研哉看来，文化只有本土的、原创的才能被人们认可，本土语言的设计理论注重激发各种交流和对话的可能性。中国传统元素主要由两种形式组成，即具体形式和抽象形式。前者包含汉字、茶叶、民间工艺等，后者包含中国社会文化、生活方式、价值观等。尽管中国传统元素种类繁多，但中国传统元素的基本内涵，无论是具体的还是抽象的，基本上可以概括为两个方面。第一，中国人特别倡导的和谐理念是"天人合一"，作为中国传统文化的思想基础，得到了道家和儒家的一致推崇。第二，"伦理"和"自强"彰显了中国传统文化的基本精神。此外，关于中国传统元素的特点，主要表现为：①代代相传。中国传统元素在一些短暂的历史阶段被中断，在各个历史时期都有不同程度的变化，但总体上没有中断，变化不大。②民族特色。中国传统元素是中国独有的，与世界其他民族文化元素有很大不同。③博大精深。一方面，中国传统元素具有丰富多彩的广度；另一方面，中国传统元素具有深不可测的深度。

（2）中国传统元素的发展现状

随着工业化和大规模生产的发展，现代主义应运而生。中国的文化创意产品设计在一定程度上受到了西方现代主义的影响。在长期的发展过程中，中国的文化创意产品经历了从认知到理解、从模仿到反思和创造的过程。尽管文化创意产品设计的西化热潮有所消褪，但中国传统元素的设计尚未成为文化创意产品设计的主流。如何推动中国传统元素设计的大众化和主流化发展，传承中国传统文化是重要途径。设计师要注重从日常生活中挖掘中国传统文化的设计元素，促进传统元素与现代设计理念和手法的有机融合，促进传统理念与新时代元素的有机融合。如今，随着科技、材料、媒体的不断创新，新思想、新概念的不断涌入，民族文化与地域文化不断碰撞交融。基于此，设计师不应静态地看待中国传统，而应深刻理解传统文化的含义，从不同的方向和角度探索中国传统元素在文化创意产品设计中应用的各种可能性。

2. 中国传统元素在文化创意产品设计中的应用分析

以中国传统元素为传统文化的载体，立足中国传统元素的内涵特征，推动中国传统元素、创意思维与现代技能的有机融合，实现创新性的集成设计，使衍生文化创意产品的造型、色彩、图案等充分满足大众的审美情趣和精神需求，实现文化创意产品的实用性、艺术性和文化性的高度统一。现以剪纸艺术、传统吉祥观、秦腔艺术等中国传统元素为例，探讨中国传统元素在文化创意产品设计中的实际应用。

(1) 剪纸艺术在文化创意产品设计中的实际应用分析

剪纸是中国重要的传统元素。作为一种民间手工艺,随着时代的发展,其生命力和表现形式也在不断演变,而随着纸制品种类的不断增加和机器雕刻技术的不断发展,剪纸的形式和功能也大大拓展。传统剪纸艺术在文化创意产品设计中的应用可以实现双赢,即一方面可以为文化创意产品的设计提供丰富的素材,另一方面可以赋予剪纸新的形式,延续剪纸的时代感和时尚感。

①剪纸外在形象在文化创意产品设计中的应用

作为传统剪纸的简单延续,它可以基于剪纸图案传达符号信息,从而为人们提供美好的视觉体验。这种应用形式包括单层传统剪纸装饰画、单层现代剪纸装饰面和多层现代剪纸装饰画等,都属于传统剪纸的发展和延续,都是剪纸外在形象在文化创意产品设计中的应用。

②剪纸文化在文化创意产品设计中的应用

随着现代雕刻机的诞生,为剪纸技术的传承和发展创造了一定的机遇。比如,立体贺卡是雕刻机制作的一种文化创意产品,不仅附加值高,还能让人领略到如何通过加减把一张普通的纸变成生动立体的场景,让人们直观地体验到剪纸的乐趣。

③剪纸艺术的精神内核在文化创意产品设计中的应用

据相关史料记载,剪纸起源于方胜,唐代用于装饰。后来,学者和诗人赋予它祭祀的目的,剪纸可以作为重要季节祈祷的道具。剪纸技术具有向往美好生活的精神内涵。典型的剪纸作品如龙凤、戏水一年多的鸳鸯,无不透露着剪纸为了更好延续的精神内核。因此,一些设计师将这些精神内核运用到文化创意产品的设计中,从而设计出周年贺卡等文化创意产品,为人们的日常生活增添色彩。

(2) 中国传统吉祥观念在文化创意产品设计中的应用分析

传统吉祥观念是中国重要的传统元素。作为中国历史传承下来的传统文化符号，它是其他艺术文化形式无法替代的。通过将传统吉祥符号引入现代文化创意产品设计并进行创新应用，可以实现文化创意产品的文化和传播化。首先，传统吉祥观念中的"形"在文化创意产品设计中的应用。传统吉祥观念在文化创意产品设计中的应用，尤其是吉祥图案的表达，最为直接。吉祥图案可以传达出鲜明的吉祥寓意，消费者可以通过外观实现对吉祥寓意的理解。比如在文创产品的设计中，可以将植物、动物、器物的吉祥图案直接应用到文创产品的外观上，使吉祥图案成为文创产品装饰设计的一大亮点。其次，传统吉祥观念中的"意"在文化创意产品设计中的应用。文创产品是一种表达内在意义的形式，单纯将吉祥图案应用于文创产品设计中的造型和装饰是远远不够的，也要深刻理解传统吉祥观念的文化内涵，让文创产品能够有效传达吉祥寓意。比如洛可可有限公司设计的牙签盒"签在顶上"，实现了传统吉祥理念与文化创意产品设计的充分结合。牙签盒的设计灵感来自中国的占卜和摇签仪式。它被命名为"商"，意思是安全和顺利。其中，造型源于具有代表性的天坛祈年殿的缩影，蕴含着深厚的民族情怀。最后，传统吉祥观念中的"神"在文化创意产品设计中的应用。传统的吉祥观念反映了劳动人民几千年来的夙愿，也蕴含着中国古代"天人合一""回归自然"的思想。传统吉祥观念"精神"的意蕴是一种观念承载。在文化创意产品的设计中，在传达其"形"与"意"的基础上，还需要对相关吉祥意象进行再创造，赋予其时代气息，从而传达传统吉祥观念"精神"，凸显文化创意产品全新的意境。

总之，中国传统元素是中华民族几千年历史文化的重要载体，具有非常宝贵的文化价值，是现代文化创意产品设计生存和发展不可或缺的土壤。同时，发掘中国传统元素服务现代社会，是现代文化创意产品设计开发的重要途径。因此，文创产品设计相关人员必须创新思维和认识，提高对中国传统元素文化内涵的深刻理解，用现代艺术语言表达传统元素的文化意蕴，促进中国传统元素与文创产品设计的有机融合，提升文创产品的文化内涵，实现传统文化的传承与发展。

二、数字传播在文化创意产品设计和推广中的作用

数字产业的发展给人们的生活带来了巨大的变化,信息时代人们的创造活动有了更丰富的内涵。服务生活的文化创意产品的信息推广和功能展示越来越依赖于数字传播。在此背景下,探讨数字传播在文化创意产品设计与推广中的作用,分析基于信息传播模式的数字传播与推广的基本作用,探讨其在文化创意产品推广中的作用及文化创意元素的数字化承载,从而更好地发挥数字传播的积极作用,服务于文化创意产品的文化创意展示,提升传播推广的有效性。

(一)相关概念的内涵和特征

数字通信或网络通信。"网络传播是指以计算机为主体、多媒体为辅助的信息传播活动,能够提供多种网络传播方式,应对包括捕捉、操作、编辑、存储、交换、展示、打印等各种功能。"数字传播依赖于信息网络环境,表现交互性、非线性和实时性的特点。从硬件到软件,从云服务到各种终端,从信息综合分发平台到自媒体传播,数字网络传播的传播技术和理念得到了快速发展和更新。

文化创意产品推广是将文化创意产品、服务、技术、文化相关的信息进行延伸,让更多的受众了解和接收,从而达到宣传、普及、消费的目的的行为。

(二)数字承载和传播文化创意产品功能的体现

1. 基于信息传播模式的基本机制与体现

基于香农信息论,信息传播模式的研究取得了各种各样的成果,其中大部分是基于信息的发送、传输、接收和反馈之间的相互关系。香农信息传输的基本模式原理是将信息从信源编码成信号,解码后通过信道反馈给信宿,其中包括对干扰和噪声的处理,从而形成信息的有效传播。视觉传播和数字传播遵循这一基本模式并延伸其含义。当代文化的各个层面都趋

向于高度视觉化。可见性和视觉理解及其阐释已经成为当代文化生产、传播和接受活动的重要维度。在可视化、网络化的传播过程中,设计者和网络运营者参与了信息的编码和发送过程,扩展了信息源的含义。或者网络分销的产品是信息信号的载体或传输渠道,这就延伸了渠道的含义;观众对信息的解读扩展了信息接收和解码的意义。

(1)文化创意产品的数字化承载和传播

产品文化创意的承载遵循信息传播的基本模式原则。设计师用文化元素和创作意图形成形态语言,通过"产品"承载传达给观众。设计师将现实文化创意产品的声、形、像等元素形成适合数字网络推广的视听材料,以"富媒体"的形式传达给受众。与此同时,数字和网络技术的应用催生了数字文化创意产品的出现。数字网络文化创意产品作为文化创意产品的一种形式,可以在虚拟的数字网络空间中生成、存在和发展。

基于网络思维的数字文化创意产品设计包括面向文化内容的数字网络媒体应用、数字互动设备、数字娱乐等。网络参与、资源共享、互联互动已成为数字文化创意产品的基本特征。数字文化创意产品可以借助数字化、网络化的媒介直接或间接存在和发展,依靠数字传播的客观环境实现功能或在数字空间得到普及。比如开发商"斯托米娜茶杯"制作的VR游戏《灯笼》,无论是画面(建筑、自然风光)、配乐还是游戏本身的内容,都充满了东方意味。借用中国元素灯笼,感受传达爱与温暖的意义,带来快乐与色彩;又如中央美术学院交互设计实验室开发的移动交互应用"中国古典家具",故宫博物院的交互应用"每日故宫"等,这使得历史艺术作品不再局限于博物馆,而是通过数字化的表达方式展示丰富的物品信息,人们通过信息交互感受中国遗产的魅力。

(2)数字化传播拓展了文创产品的信息传播渠道

数字通信体现了虚拟网络空间通信的特点,它具有非线性、放射性、多通道和实时性等特点。除了一对多的通信方式,还有一对一的通信方式、多对一的通信方式和多对多的通信方式,是一种分散的通信方式。信息的传播通过各种信息渠道直接或间接到达受众。数字化推广不再受空间限制。对于信息终端，我们可以在网络覆盖的任何区域获得相应的网络资源。

（3）受众高效接收信息并形成反馈

数字传播对设计行为的影响是显而易见的，可以影响从设计构思到设计反馈的诸多环节。数字媒体无疑为我们提供了良好的环境。设计师可以借助网络资源，探索、学习、发现、洞察市场，进行定位，甚至测试产品。通过图像、文字、声音、视频等丰富的媒体元素。产品受众可以高效完成对产品信息的认知，获得虚拟体验，进行即时的信息交流和反馈。在这个过程中，会形成各种信息反馈的大数据。通过大数据分析，促进产品更新迭代。

2. 促进文化和创意产品的数字传播

（1）它作用于文化和创意产品中包含的文化创意的感知和体验

"在生产和消费过程中，文化产品所蕴含的精神因素可以传承下来，潜移默化地影响着人们的生活习惯、文化心态、知识结构甚至世界观。物质产品只有物质属性，主要是满足人们衣食住行等物质生活的需要。它具有思想、感情或精神和物质的双重属性。"文创产品的设计主要是将产品所蕴含的文化因素分析转化为设计元素，从而形成融入现代生活的新载体形式，发掘并满足其使用功能背后的精神需求。文化创意产品的形成过程是对特定文化内容的挖掘、解读、演绎和展示，通过视觉符号和形式表现出来，产生相应的认知和理解。比如在数字娱乐产品的设计中，营造具有文化背景的视觉氛围，让观众在情境体验中触发对场景的文化观察和探索。

（2）文化创意产品的认知与传播

受众对文化产品的体验往往是基于他们对文化本身的情感诉求。这往往是文化创意产品和一般功能产品的区别。产品形成过程的展示包含了对文化的解读，包括人与物的关系、材料的获取与使用、传承的技法与技巧、创作的体验与理解，这些都转化为对物理感受的把握与表达，通过数字媒体的记录与分解——呈现，从而增强人们对其人文背景、文化传承、技术特征、创作理念等的重要文化认知与感受。正如有关"手艺"的各类网站、APP、微博等，都涉及关于手艺产品创意和制作过程的介绍，通过声像视频和图文详细记录展示，让受众能生动地了解产品的设计与生产的过程，增加对文创产品信息的认知范围。

（3）作用于文化创意产品功能效用的传播

创意引导消费和体验，数字媒体成为消费者了解产品的桥梁。在网购模式下，数字传播将展示产品的设计意图、使用方法、功能演示、工艺材料、使用测试、数据对比等诸多信息。作为一种推广策略，旨在分析产品是什么，为什么使用及如何使用，并介绍产品的优势。消费者不再受制于简单的感性认识所导致的盲目消费，而是会有意识地尝试对消费有一个认识，甚至会对同类产品做一些比较和研究，从而更加依赖于数字富媒体的信息传递、演示和分析。

（三）数字化保护和弘扬传统文化元素

1. 传统文化元素的数字化保护

20世纪末，美国和欧洲国家对区域文化保护和传播进行了数字化探索。1992年，联合国教科文组织发起了世界记忆项目，将现代信息技术应用于文化的保护和传播。2005年，国务院办公厅发布《关于加强我国非物质文化遗产保护的意见》，2011年，《非物质文化遗产保护法》实施。这两个文件对非物质文化遗产保护做出了相关规定，指出了文化数字化保护和传播的重要性和必要性。

传统文化元素的数字承载形式往往以图像和文字为基础，大部分可以通过现代记录工具呈现。信息技术背景下，文化的数字化保护、传承和发展全面展开，国家和地方文化部门正在对传统文化的内容、形式和传播方式进行数字化传承、创新和提升。央视纪录片《手艺》通过影像聚焦中国传统手工艺的传承与发展，以全新的视角展现中国传统手工艺和工匠的现状，详细记录工艺流程、技术原理、工艺理念等，系统形成传统手工艺的收藏与传播。

数字技术对推动文化创新产品发展的意义显著。通过建立数据库、数据分析、融合虚拟技术和文化元素动态技术，可以展示、传承和创新相关特色文化，为文化资源的开发利用提供了新的思路和方向。

2. 传统文化元素可以被创造性地展示出来

"文化的发展具有很强的继承性和延续性。任何新文化都必须面对传统，这是在传统文化基础上的创新，符合社会发展规律。"数字技术的运用丰富了传统文化元素的呈现形式。相关文化科普APP设计及数字博物馆等。通过数字产品的开发，对传统文化元素进行分析和改造，以互动的方式展示其类型、历史脉络、组织结构、形式原则、艺术技术特征，从而形成传达创作精神、创作技巧、创作素材和创作成果的阅读材料，展示和推广传统文化元素的相关信息内容，供观众观看、阅读和学习，从而传承和弘扬传统文化。

3. 促进不同地区的文化交流和融合数字传播具有很强的融合、渗透和辐射能力，尤其是在网络视频、游戏、电子商务等方面。当我们打开天猫、京东、亚马逊等网购平台时，全球网购服务正在覆盖每一个角落。为了方便销售，商家在销售页面上详细展示背景、文化、技术、功能等产品信息，将文化元素以产品推广的形式传达给全球消费者。我们在消费文化产品的同时，也在不断吸收国外的技术和经验等。数字传播作为文化交流和融合的桥梁发挥着良好的作用。

（四）影响和促进文化消费

1. 刺激文创产品消费，完善其运营模式和营销模式

近年来，国家积极推进"互联网+"发展战略，也为文化产业发展带来了无限的想象空间。以网络和数字媒体为载体的数字传播日益成为大众生活的基本生活需求。用新媒体承载、传递和分析文化创意消费资料，已成为大众生活和文化消费的重要组成部分。文创产品背后的运营模式和营

销方式也在发生变化。"互联网+文化创意产业"的运营模式推动了互联网企业对文化企业的并购，文化创意产业在不同领域的跨界衍生成为新常态。在营销方面，一方面，企业通过互联网技术加速与电商的广泛合作，通过网络平台进行线上线下双向营销互动。另一方面，加快营销方式的多元化，利用游戏营销、精准营销、SNS营销等各种新的营销模式，完善营销布局。研发与文创产品生产、商业周边、线上线下营销等环节的产业互动，推动了数字时代产业价值的最大化。

2. 提高文化消费质量，丰富人民生活

数字生活本身就是一种独特的当代文化现象。文化消费以知识和智慧生活方式为基础，加速了人们对文化和知识的认知理解。人们将丰富的大众生活投射到数字网络虚拟生活中，分享智慧、快乐，共同解决问题，共同创造和体验文化。受众不再是封闭孤立的个体，而是资源丰富的网络生活的分享者、创造者和体验者，这也为生活增添了更多的乐趣和可能。

（五）数字化承载和推广的局限性

数字化传播推广模式中的物理体验程度较低，虚拟体验不能等同于物理体验。除了数字娱乐、功能性节目等数字媒体产品，还有相当一部分文化创意产品是以实物的形式存在的，数字信息不能等同于实际事物，导致缺乏实物体验。另外，数字化推广依赖于数字技术的高效传播，其可控性相对有限。虚假信息、负面产品、恶意推广也是造成不良影响的重要因素之一。提高相应的监管和技术门槛是有效的应对措施。总之，我们应该更多地利用数字通信技术来促进优势，消除劣势。充分发挥其对社会的积极作用，限制其消极影响。

通过观察分析数字传播在文化创意产品设计和推广中的实际作用，从基本信息传播方式、文化创意产品推广内容、社会效用、互联网经济模式下传统文化元素开发利用和推广的意义等方面可以看出，数字媒体改变了信息受众的认知方式和结构，丰富了感性媒体，有效地进行了信息的互动传播和体验。同时，借助有效的传播策略，让受众深刻感知文化生态特征和创意表达,从而获得更细致、生动、深入的文化理解和认知体验。

数字传播的介入更多的是对文化认知和创造的传播和提升,使其成为提升文化经济竞争力、促进文化消费的重要手段。更加注重人的能动性,努力发掘本土文化中的优秀元素,培育新的创意亮点,推动文化创意产品的开发、推广和创新输出。

第三章　文创产品的表达与设计

第一节　文创产品的表达

一、文化表达

文化对于每个人来讲似乎是个很熟悉的概念，比如儒家文化、玛雅文化、饮食文化、酒文化，甚至厕所文化、地铁文化等。文化似乎是一件万能的魔衣，任何生活琐事只要套上它就会显示出庄严的法相。但文化似乎又很陌生：我们不能像把握"苹果"这类物词一样来把握文化，因为文化在这个世界上找不到它的对应物，我们也不能罗列一些"性质"词来描述它的属性，尽管西安的兵马俑、北京的紫禁城、巴黎的卢浮宫、中国的筷子、西方的刀叉等都属于文化，但是文化也不是个集合名词，如果那样，文化便成为一个人类历史所创造的一切事物的杂货铺。

在英文中文化表达为"culture"，指培育、种植的意思，暗指脱离原始状态。而在中国文化则是指"人文教化"，更侧重于用共同的语言文字来规范群体的精神活动和物质活动，将其进行传承、传播并得到认同的过程。文化实际上主要包括器物、制度和观念三个层面。而文化创意产品正是通过器物来体现制度和观念，文化创意产品是对现代主义设计和产品发展到极致进而形成千篇一律的国际风格的一种反对，产品的国际风格使得整个世界呈现高度的一致性，世界各地区固有的文化及生活方式正在逐渐消失。而地域文化及人们的生活方式是经过长时间的积淀形成的特定产物，是一种"记忆"和"文脉"，开始受到各地区的高度重视，人们重新审视世界文化与地域文化的关系，更多地关注本社会、本民族的社会文化意义，并将其注入产品之中，从而在器物层面上引起对过去生活方式的一种记忆。

文化创意产品中的文化要素主要包含两个维度，其一是纵向的历史性文化延续，历史性文化即所谓的文脉，英文即context，原意指文学中的"上下文"，在语言学中，该词被称作"语境"，就是使用语言的此情此景与前言后语。更广泛的意义引申为一事物在时间上与其他事物的关系。在设计中，刘先觉先生将其译作"文脉"，更多的应理解为文化上的脉络，强调文化的承启关系。文化创意产品中的文化要素能够满足人们对于过往的追忆，从而得到心灵的慰藉，这就如同当城市逐渐兴起，人们离开祖祖辈辈生活和耕耘的土地，住进单元公寓房。但是人们没有忘记土地及耕种的生活方式。在阳台上总会有几个花盆，费尽心思地弄来土壤，种上花草及辣椒、黄瓜、丝瓜、小葱、大蒜等。这就是"种植文化"的残存，残留在人们的血脉之中，一有机会就会发芽。其二是横向的区域性文化传承，20世纪后半叶，很多设计研究机构及设计公司开始从社会学科中寻找信息和方法，以找到用户与产品的联系，使得产品能够传承特定区域的文化，能在产品中反映出特定区域相似的社会环境、文化背景、知识体系和生活经验等。

二、创意表达

如马克思所说："各种经济时代的区别，不在于生产什么而在于怎么样生产，用什么劳动资料生产。劳动资料不仅是人类劳动力发展的测量器，而且是劳动借以进行的社会关系的指示器。"当下的信息社会、知识经济及文化产业意味着人类生产方式的一次革新，人类创造财富的方式从过去依靠体力劳动逐渐向依靠脑力劳动的新劳动方式转变。同时，将文化信息及知识视为重要的新生产资料，并把人类的创意看作经济前进的主要动力之一。文化创意产品正是在这样的背景之下孕育而生，因此创意成为其关键性要素。

创意在英文中表达为"creat"和"creativity"，所对应的汉语意思为原创性的、创造一种新事物或提出相关的"点子""想法"和"理念"等。就文化创意产品中的创意而言主要是指：依据文化进行创新思维的加工，设计和生产出满足消费者精神和文化需求的产品。所以，文化创意产品中的文化并不是对传统既有文化的一种照搬和简单的复制，而是通过一定经济意识对传统物质文化和精神文化进行再创造，从而适应现代人们的生活方式和审美情趣。

文化创意产品正是通过创意将文化要素融入功能与实用性中，成为可供使用和欣赏的产品。这里的创意与产品设计中的创意有所区别，它更侧重于文化的创意。文化创意产品的创意不单是满足产品的实用功能，更多的是以巧妙的设计、创新、灵感将文化融入产品感性形式及其使用过程之中，使得人们在紧张工作之余得以舒缓压力，增加工作和生活的乐趣。

文化创意产品中的创意并非凭空产生的，而是有其具体的来源。其主要来源有以下三个方面。

第一，来自对生活的关怀和理解。对生活的关怀和理解包含亲身经历或个人感悟，或是对美好生活的想象，还有的是听别人叙述的故事、浏览的网页等，都会为文化创意产品的创意注入新鲜的养料。

第二，来自对社会的认知和理解。社会是由具体的个人组成，社会也会以共同的价值观、流行风尚或者一种固定印象影响到每一个人。每一个人对于文化创意产品的选择无疑标榜了一种价值态度和社会阶层定位。因此，文化创意产品的创意必须建立在人们对价值态度和社会阶层的洞悉的基础之上。

第三，来自历史的、地域的文化，表现为一种有关自然地理、风土、人情的文脉，抑或是更进一步的精神层面的信仰神话、传说等。

三、体验表达

文化创意产品除了具有有形的价值，还具有无形的体验价值。它如同一幅油画一样，除了能够让观者产生视觉上的愉悦，还能获得某种体验性心理感受。这种体验性心理感受依据每个人的经历不同而有所不同，因此它具有潜在性和不确定性的特点。正是因为这种潜在性和不确定性增加了文化创意产品的魅力。

所谓体验，英文表达为"experience"，意指出于好奇而体验事物，感悟人生，并留下印象。这种心理感受能使我们感受到现实中的真实，并在大脑中浮现深刻的影像，促使我们回忆起深刻的生命瞬间，从而对未来有所感悟。具体到文化创意产品是指用户在使用产品过程中建立起来的纯主观感受，主要体现在以下四个方面。

第一，视觉冲击。视觉冲击是激发文化创意产品体验要素的首要环节，现今的设计越来越强调逻辑、科学和抽象的造型叙事表达，却忘记了通过视觉冲击来刺激大脑皮层，从而引发联想，促使相关的体验。

第二，功能自然。对于自然物而言，功能是与生俱来的，如水的功能存在于其本质的流动性和液态的天然属性，树叶的功能在于其具有叶绿素从而能进行光合作用。而文化创意产品的功能是一种师法自然，以人在自然界中天然的"人—物"关系为基点来展开文化的衔接和形式的生成。比如，在自然界中人有坐的需求，所对应的产品有千差万别的坐具，如椅、沙发等，但无论哪一种坐具都应该考虑到人自然放松坐的状态，从而昭示出自然坐的体验。

第三，方式合理。文化创意产品的使用方式，是沟通产品和使用者的纽带，方式合理主要体现在要让人们能够读懂文化创意产品解读与欣赏的操作，要和习惯性认识形成一种文脉联系，以便勾起对过往美好经历的回忆。

第四，内容切合。文化创意产品所附加的文化性内容通过叙事性的设计手法在产品的"移情"中得以实现，达到"抒情的创造和写意的表达"。同时，所附加的文化需要和产品的功能及使用环境的文脉相切合，使体验能够得到顺利的展开和生长。

四、符号表达

象征是人类独有的行为，主要指用具体的事物来表示某种抽象的概念或思想感情的行为，它通过使用象征符号来实现象征意义的表达。创造符号是人类与动物的重要区别之一，正如卡西尔所说：人是符号的动物，特别是在人类进入大众传播时代以后，以报纸、杂志、广播、电视、网络等为代表的现代大众传媒，运用先进的传播技术和产业化的手段，每时每刻向人们进行大规模的信息生产和传播活动，使我们的生活环境到处都充满着象征性符号，比如某人穿一身蜘蛛侠的衣服，这套服装不仅有蔽体保暖的功能，更重要的是它能表明对于该电影的态度。

在现代传媒的推动之下，产品的符号意义往往比操作、性能等产品本身相关的内容更需要设计师去揣摩和挖掘，文化创意产品之所以能被冠以文化，也是因为其应用产品的造型来表达一种文化内涵，从而使该产品成为承载该种文化的符号。

人与人之间的交流是通过语言、眼神、手势等来完成的，物与人之间的沟通是通过符号产生的。人们在创造产品功能的同时，也赋予了它一定的形态。而形态可以表现一定的性格，就如同它有了生命力。人们在使用产品的过程中，会得到各种信息，产生直观的心理感受及生理的反应。而文化创意产品正是利用各种创意方法来创造产品形态和产品的使用环境传达出一种文化。文化创意产品的符号性能够表达出以下三个方面的文化意义。

第一，对于流行审美文化的符号表达，消费者通过文化创意产品的造型特征形成感性认识，从而产生相对应的知觉和情绪。在相同地域的同一时期，人们对于美丑、稳重、轻巧、柔和、自然、圆润、趣味、高雅、简洁、新奇、女性化、高科技感、活泼感等流行审美文化有着相同的理解，消费者的这种感觉和情绪也会随着社会文化的改变而变化。再如，当通用汽车以彩色轿车取代了福特的黑色轿车，当人们看到满街色彩缤纷的轿车疾驰的时候，就会想拥有一辆黑色的轿车，这是否更能体现这种变化的微妙之处。

第二，对于消费者自身文化符号认同的表达。这种自身文化符号认同的选择受到消费者自身学识、修养、品位等的影响，表现为一定的生活品位、思想水平和艺术鉴赏能力。而文化创意产品正是借助其与环境相互作用之后产生的特定含义，来满足消费者对于流行时尚、社会价值观或者某种固定印象的追求。

第三，对于历史文化、流行文化或是某种特定文化的符号表达。文化创意产品通过自身的叙事抒情表达特定的情感、文化感受、社会意义、历史文化意义，或者仪式、风俗等文化和意识形态相关的意义。文化创意产品的这些内涵通过图腾、吉祥物、标志、特定图案等组合进行表达。

五、审美表达

"美"可能是指一种感官的愉悦或生理的满足，也可能是一种赞赏心态的流露或个人趣味的偏好。而文化创意产品的审美更侧重于后者，是人们物质生活水平达到一定高度之后，人类有目的、有意识地对"真、善、美"的追求。这种追求是以"感性"作为中介，脱离了那种基于物质与利害关系的理性判断从而真正回归到关于生活意义和生命价值的自我意识的彰显。文化创意产品的审美要素主要包含以下三个方面。

第一，形式艺术美。文化创意产品的审美离不开感性因素，由点、线、体、色彩等构成了文化创意产品的形式，这些形式构成关系的艺术性能够与观者内心深处的节奏、韵律、比例、尺度、对称、均衡、对比、协调、变化、统一等形成一种同构关系，这种直观感受与内心情感的同构产生移情，从而与消费者的趣味与审美理想相融合。

第二，功能材料美。文化创意产品的审美离不开功能材料的合目的性，诚如罗兰·巴特（Roland Barthes）评价埃菲尔铁塔的功能与材料时说道："功能美不存在于一种功能良好结果的感受之中，而存在于在产生结果之前的某一时刻被我们所领会的功能本身的表现之中，领会一部机器或一种建筑的功能美，便是使时间暂时停止和延迟使用。"文化创意产品的功能材料美是产品给人的舒适感和心理满足，这里的功能材料美就与产品的功能实用性等物质层面相区别，是一种审美价值的表现。

第三，文化生态美。文化生态美不只是表现人与自然的和谐，更体现着生活方式及社会生活的脉络与系统。文化创意产品的文化生态美主要植根于人们对于传统的一种向往，比如工业社会给人们带来的高速、效率及身心的疲惫，使人们希望能够实现对传统田园牧歌的回归，在审美的状态中回归人类的精神家园。

第二节　文创产品的设计

在全球经济一体化，知识经济大发展的浪潮下，国际的商品贸易竞争日益激烈，这种竞争逐渐由单纯的技术领先、价格优势等因素，转换为经济、社会、文化等综合因素的竞争。文化创意产品正是以"文化"为核心，突出对文化进行深加工并通过"创意"与现今的生活方式相结合，从而满足人们高层次的需求，达到在国际商品竞争中制胜的目的。我国具有丰富的"文化"资源，如何将这些资源转换为极具竞争力的文化创意商品，这就需要利用创意方法并经由一定的过程才能得以实现。

创造文化创意产品不能只是靠一些口号或者是设计师灵感的闪现，而是需要具体的创新方法，具体体现在以下五种。

一、头脑风暴法

创造学家AF.奥斯本于1901年最早提出该创造技法，又称脑轰法、智力激励法、激智法、奥斯本智暴法，是一种发挥群体智慧的方法。"头脑风暴法"必须明确而具体地列出思考的课题，同时在主持人的召集下，由数人至数十人构成一个集体，这些成员由专业范围较广泛的互补型人才组成。就文化创意产品而言，一般包含的人员有：文化类人才、创意类人才、营销类人才、生产制造类人才等。例如，所委托的项目是开发一款关于三峡的文化旅游纪念品。主持人开始仅提出"纪念"这一简单抽象的词汇，组员再进行讨论并提出意见，如"拍张照片""收藏当地的特色产品""在当地完成相关体验并留在记忆中"……然后主持人给出主题：开发一款关于三峡的文化旅游纪念品。组员们根据上面发散出来的想法，继续得出设计概念，如"收藏当地的特色产品"的想法就可以发散出：用三峡的鹅卵石通过手绘的方式，描绘三峡特有的风景；用三峡石制作三峡大坝的等比缩小模型；用三峡地域传统图案装饰具有实用功能的物品，如筷子、钱包、打火机、U盘等。通过头脑风暴法得到的设计概念能够为具体的产品开发和造型提供相关的创意方向。

二、联想法

联想法是一种依据相似、接近、对比等联系思维来进行创造的方法。比如当你感受到中国文化时，就会联想到诸如唐诗宋词、书法、文房四宝、神话信仰、茶道、自然地理、传统工艺等。这种方法很多时候需要依靠设计师的经验和直觉，但在文化创意产品的具体创作中更为直接的方法是兼具相似、接近对比联想的直角坐标组合联想法，这种方法是将两种不同的事物分别写在一个直角坐标的X轴和Y轴上，然后通过联想将其组合在一起，如果它是有意义并为人们所接受的，那么它将成为一件新产品。例如，要创意一款反映中国传统文化的文化创意产品，就可以在X轴上写上青花文化、茶道文化、戏曲文化、神话传统、礼仪文化等；在Y轴上写上饰品、灯具、电子产品、玩具、生活用品、办公用品等。如果二者已经结合或者不太可能实现结合则用灰色表示，如果可以结合且市场上还没有此类产品则用红色表示，如果可以结合但实现较难则用深蓝色表示，这样就能一目了然地看出创意的可能方向，从而促进文化创意产品的创造过程。

三、移植法

移植法发源于工程技术领域，是指将某一领域里成功的科技原理、方法、发明成果等，应用到另一领域中去的创新技法。例如，鲁班发现带齿的茅草割破了皮肤而发明了锯子；发明家WL.贾德森所发明的应用于衣、裤、鞋、帽、裙、睡袋、文包、文具盒、钱包、沙发垫等的拉链，目前应用于病人刀口的缝合，为需要二次手术的病人减少痛苦。

文化创意产品创意中的移植法并不是一个科技原理的移植，而是一种情趣、意象、情感等感性成分的移植。比如：设计师都对可爱文化有所理解，然后应用色彩、造型及材质将这种情感或是意象转移到具体的产品上，让使用产品的消费者同样也产生这样的感觉。

四、设问法

设问法主要针对已存在的文化创意产品提出各种问题，通过提问发现原产品创意及设计方面的不足之处，找出需要和应该改进的地方，从而开发出新的文化创意产品。设问法主要有"5W2H法""奥斯本设问法""阿诺尔特提问法"等。在文化创意产品设计当中比较常用的是"5W2H法"。

"5W2H法"是从七个方面进行设问。因为七个方面的英文首字母正好是5个W和2个H，故而得名。即Why为什么要革新？What革新的具体对象是什么？Where从哪些方面着手改进？Who组织什么人来承担？When什么时候进行？How怎样实施？Howmuch达到什么程度？

同时，"5W2H法"同样可以作为创新产品的设计方法，只是所思索和追问的问题有所不同，其字母的具体含义也不一样。在创新设计中其含义为：Why为什么要进行这个设计？Who什么人使用？When什么时候使用？Where在什么地方使用？What什么产品或者服务？How如何使用？Howmuch产品或者服务的价格。对于这七个问题的不断思索和回答的过程就是对于新产品概念不断形成的过程。

五、模仿创造技法

模仿创造技法是指人们对自然界各种事物、事物发生过程、现象等进行模拟和科学类比（相似、相关性）而得到新成果的方法。所谓"模拟"，就是一类事物间某些相似的恰当比拟，是动词性的词。所谓"相似"，是指各类事物间某些共性的客观存在，是名词性的词：人的创造源于模仿，大自然是物质的世界，形状的天地，自然界的无穷信息传递给人类，启发了人的智慧和才能对于要体现历史、地理、传统习俗等文化内涵的文化创意产品，常常采用模仿的方式来进行形体的塑造。

第三节 文创产品的设计程序

当我们接受一个新的文化创意产品的设计项目时，我们首先要考虑的是文化创意产品的概念问题，通常情况下我们将开发新产品的概念分为：文化产业衍生产品、文化生活用品、传统工艺品与饰品、时尚产品等。

一、文化产品创意的步骤

针对不同的产品，我们将采用不同的设计策略和方法，但是文化创意产品的创意过程是一致的，一般包含以下三个步骤。

（一）认识问题、明确目标

在文化创意产品设计工作中，通常会遇到这样的情况，随着设计的开展与深入，大量的信息和问题就会随之而来，这些问题让你无从下手。所以，我们必须在设计的开始，就要弄清楚创意产品存在的问题及问题的组成和结构。

要弄清楚上述问题，必须将其放置于"人—产品—文化—环境"这一系统中，在这个系统中主要涉及人的文化与审美需求，产品如何承载文化，以及承载什么样的文化。而系统中的"环境"主要包含产品系统环境及社会人文环境，只有在这个系统之内考虑文化创意产品的设计，才能完全确定设计问题的存在形式，进而明确设计目标。

（二）设计研究分析问题

进行设计研究、分析问题，设计市场所需要的文化创意产品，是每个设计者都清楚的流程。设计活动不是封闭的自我包含的活动，而是在市场竞争中，由设计师在综合人、市场竞争、产品机能、审美、社会文化等诸多因素进行编码，然后在市场销售中由消费者进行解码的符号性活动。而对于文化的编码必须站在消费者认知的角度进行，所以要应用创意方法将文化的内涵与当代的生活方式、审美情趣、文化心态相结合。

设计的成功与否，关键在设计师的编码和消费者的解码过程是否同一，如果消费者能够在文化心态和审美趣味等方面认同产品，那么说明这个设计是成功的，反之则是失败的。要使设计取得成功，就必须站在消费者的角度对文化创意产品的诸要素进行分析，力求将设计中将要涉及的问题分析透彻，做到心中有数。

（三）概念展开设计构思

在设计研究和分析问题的基础上，设计师会针对存在的问题，提出解决问题的各种设想，这种提出解决问题设想的过程就是设计想法产生的过程，设计师对设计进行构思的想法越多获得好的文化创意产品的可能性也就越大。在设计过程中设计师往往借用一定的创意方法，利用草图展开自己的设计构思。这些草图有以下设计表达方式：第一，利用草图进行形象和结构的推敲，将思考的过程表达出来以便设计师之间的交流及后续的构思再推敲和再构思；第二，草图更加偏重于思考过程，一个形态的过渡和一个小小的结构往往都要经过一系列的构思和推敲，而这种推敲单靠抽象的思维往往是不够的，还要通过一系列的画面辅助思考；第三，草图的表达大都是片段式的，显得轻松而随意。

但是就文化创意产品设计而言，构思需要图解为三个层次，即创意概念构思、象征符号构思和感性审美构思。

1. 创意概念构思

从整体的角度检视轮瞬、姿势及被强调的部分，主要是看对于所理解的"文化"是否通过色彩、形体、线条等得以表现，通过用创意方法，"文化"与当下"生活方式"是否得到了很好的结合；在设计研究阶段所遇到的设计问题是不是得到了良好的解决。如果对于以上问题的回答都是肯定的，那么该设计方案就对设计概念进行了很好的诠释。

2. 象征符号构思

在创意概念的基础上，对设计所采用的具体设计元素进行符号化的加工，站在消费者对符号解读的基础上，进行符号设计的创造并融于创意概念之中，具体而言就是审视立体的成分与面的构造来决定物体的特征性及图样，表现体就感，以便进行细致的构思推敲。

3. 感性审美构思

最后一步是对文化产品的视觉方面进行处理，应用形式美的法则和审美流行趋势对表面的精致线条、配色、质感等进行处理，精心处理产品的细部，展现设计创意的魅力使整体达到最佳的效果。

二、设计展示与设计评价

一个设计项目在经过了概念展开和设计构思之后就是对设计进行展示，设计展示是要将一个完整的设计呈现在大众的面前，要能够充分展示设计创意。而设计评价，是指在设计过程中，对解决设计问题的方案进行比较、评定，由此确定各方案的价值，判断其优劣，以便筛选出最佳设计方案。设计评价的意义在于，首先，通过设计评价，能有效地保证设计的质量，充分、科学的设计评价使我们能在众多的设计方案中筛选出满足目标要求的最佳方案；其次，适当的设计评价，能减少设计中的盲目性，提高设计的效率。文化创意产品设计中设计评价有三个特点。

（一）评价项目的多样性

文化创意产品设计涉及的领域极广，考虑的因素非常之多，较之一般产品设计更不简单。因此，在设计评价的项目中创意性、体验性、符号性、审美性等指标要重点考虑。

（二）评价判断的直觉性

由于文化创意产品设计评价项目中包含许多审美性精神或感性内容，在评价中将在较大程度上依靠直觉判断，即点觉性评价的特点较为突出。

（三）评价结果的相对性

正是由于评价中的直觉判断较多，感性和个人经验的成分较大，文化创意产品设计的评价结果就较多地受个人主观因素的影响，特别是评价者自身的文化背景和价值取向很容易影响到评价的结果，更具相对性，这是值得重视的。

在通常情况下，我们可以根据多个人评价的数值形成坐标进行分析和评估，评定标准中的每一项满分为5分，围成的面积越大则该方案的综合评定指数就越高。

第四章　基于用户体验理念的文创产品设计

第一节　基于体验理论的文创产品设计

一、基于用户体验的文创产品设计特点

基于用户体验的文化创意产品设计的特点，主要包括三个方面：独特的感官体验创造、有趣的体验创造、记忆和思维等情感体验觉醒。但基于用户体验的文化创意产品设计特征虽然划分明确，但下面列举的具体文化创意案例所呈现的具体情况并不一定一一对应。毕竟用户体验是人对产品的综合感受，一个文化创意产品带给用户的体验不可能都是单维度的，其中可能包括多维度的体验，优秀的文化创意产品设计也要巧妙融合各种功能。

（一）创造独特的感官体验

独特的感官体验可以给用户留下独特的第一印象，可以更好地激发用户的购买欲望。这类文化创意产品的设计注重产品的形状或质感，强调产品的第一印象。

比如迪士尼商店设计推出的唐老鸭造型的马克杯，水杯通过巧妙的设计，具有作为杯柄的功能，双手弯向臀部。当脚靠在一起时，水杯可以牢牢地放在桌子上，而身体部分被制成适当的中空形状，以在实际使用中容纳液体。虽然唐老鸭的形象没有直接的五官，但具象可爱的站姿和经典的蓝、白、黄配色足以吸引消费者的眼球，加上唐老鸭在全球的影响力，想

必看过的人都能认出这就是可爱的鸭子。与简单的马克杯相比，两者的区别一目了然。显然，迪士尼商店推出的水杯，以其独特可爱的设计，深深地抓住了他们的目标消费群体——热爱动画角色的孩子和仍有童心的唐老鸭忠实粉丝。水杯一经在店里推出，就引起了很大的关注，非常受欢迎。与众不同的水杯为消费者创造了难忘的视觉感官体验，将品牌的文化元素巧妙地转化为产品的造型，可爱又幽默，立刻吸引了消费者的目光，这无疑是其成功的重要因素。

（二）有趣的体验创造

体验是指用户在使用产品的过程中对产品的可用性和实用性的感知。趣味体验的创造需要在强调人机工程学的前提下，注重产品与用户之间的交互创新，充分考虑用户使用产品过程中每一步的细节，打造便捷易用的用户体验。这类文化创意产品的设计强调使用过程的新颖性，丰富了用户与产品的互动体验，充分激发了用户在使用产品过程中的兴趣，满足了用户个性化的情感诉求。

比如一个名为Tea Sub的茶包设计，是特拉维夫Ototo Design设计工作室的设计作品。黄色的潜水艇造型隐约让人想起永恒经典《Yellow Submarine》中弗雷德驾驶黄色潜水艇，邀请披头士四名成员击败邪恶的蓝色小人的场景。当然，这只是一个隐藏的鸡蛋。这款茶包采用安全、无毒、耐热的硅胶材质，为用户的喝茶安全提供了最可靠的保障。潜艇的舱盖可以反复打开使用，放入茶叶、倒掉茶渣、清洗茶包本身都非常简单方便。最重要的是，用这个茶包泡茶时，使用者用手握住链绳的一端，提起茶包并旋转。可爱的茶包就像一艘真正的潜艇在水中游动，同时从茶包的孔中散发出茶的精华，慢慢地将茶叶染色，将茶叶的香味留在水中。与市面上现有的一次性茶包产品相比，这款海底茶包创造了丰富的使用过程，让平时被忽视的动作变得如此充满乐趣。正是这种有趣的互动体验赋予了产品独特的魅力。

二、用户体验与文创产品设计的关系

（一）设计中用户体验的三个层次

用户体验的概念最早是由认知心理学家、工业设计家唐纳德·诺曼在20世纪90年代中期提出的。他在《设计心理学3：情感设计》一书中，从认知心理学的角度，将人类对事物的认知分为三个层次，即本能层次、行为层次和反思层次。在他看来，本能水平作为大脑中动物本性的一部分，先于意识和思维。行为层主要负责人的行为和动作，重点关注产品的功能性、易用性等方面；反射层负责控制人的情绪认知和逻辑思维，在三个层次中处于最高层次，主要关注产品对人的情绪、思维、记忆等意识活动的影响。在日常生活中，人类产生的所有行为和思想都依赖于大脑这三个层次的协同运作，它们在不同的活动中发挥着不同的作用，同时又相互影响和制约。因此，这一理论可以说为用户心理学的研究提供了研究基础，为基于用户体验的文化创意产品设计研究提供了重要的理论依据。

本能层面主要是通过视觉、触觉、味觉、嗅觉、听觉等感觉器官接收外界的信息，从而对事物做出第一判断。这个过程往往发生在人们看到或者触摸到产品的那一刻，直接快速地生成产品好坏的判断。比如人们看到甜零食时，嘴里会自动分泌唾液，碰到热的物体时，会迅速收回，听到悠扬缓慢的音乐时，会感到舒适放松。当然，这只是最初的情感印象，如果行为层面的操作往往先于意识的话。当人对某一行为动作非常熟练时，就可以在没有意识引导的情况下完成这一行为动作。例如，在装配线上操作的工人可以边说话边完成工作。行为层面一方面可以通过其影响增强或抑制本能层面的运作，另一方面也会通过反射层面运作的影响而得到加强或削弱。反思的层次是人类认知的最高层次。这个水平无法改变感觉器官从外界接收到的信息，也无法控制生物体对环境冲击的无意识反应。相反，它可以通过监督和反思的方式适当调整前两者的操作水平，同时，它可以帮助人们拥有科学和艺术的知识，对自然现象的解释，以及对知识和真理的探索，这是区分人类和其他物种的关键。

根据人脑认知操作的这种层次特征，用户体验可以相应地分为三个层次，即本能层次体验、行为层次体验和反思层次体验。文化创意产品的设计可以根据产品自身文化属性、目标群体、市场定位等特点，决定给用户带来哪一个或哪些层次的体验。三个层次的经验往往不是单独存在的。一个优秀的设计一般会整合多个层面的体验内容，同时处理好它们之间的轻重关系，既全面又同时具有关键高潮，往往能给用户带来印象深刻的体验。

1. 本能体验

本能体验往往是指用户在接触产品的瞬间产生的感觉和印象，是在意识产生之前产生的情感体验。本能体验主要强调产品的外观、颜色、材质、气味、声音等属性作用于用户的感觉器官，使用户基于五感产生生理感受，进而快速触发情绪判断。一个好的本能体验设计，一定会在第一时间抓住用户的眼球，让他们产生"这个产品很棒""我喜欢这个产品"等心理感受。本能的体验先于意识产生，所以有时候即使用户说不清是出于什么原因，对好恶的判断也早已产生。

例如，之前流行的电视动画片《熊出没》中的衍生玩具产品，就是和电影中反派光头强使用的猎枪一样的玩具枪。《熊出没》是继《喜羊羊与灰太狼》之后，又一部在国内掀起热潮的国产动画作品。它主要讲述了一对保护森林的熊兄弟和砍树毁林的光头强之间一场有趣的决斗故事。这款玩具枪的造型高度还原了漫画中光头强的武器猎枪，加上印有光头强形象的包装，孩子一眼就能认出玩具的来历。此外，玩具枪还设计了音效。扣动扳机时，玩具枪会随机发出"该死的臭熊会送你上天堂"和"哈哈哈，你跑不掉"的音效，音色与漫画中的光头强一模一样，这让这款玩具更受孩子们的欢迎。这款玩具从造型和音效方面都给了用户视觉和听觉上的双重体验，具有很强的剧情代入感，难怪能在儿童玩具市场大获成功。

值得一提的是，漫画《熊出没》虽然在国内很受欢迎，也有其他一些国家引进和播放，但推广到德国的时候，只是被封杀。德国给出的理由是，这部漫画含有以捉弄他人为乐的不健康思想的影响，所以拒绝介绍和播放。熊大、熊二和光头强在电影中确实互相捉弄，互相愚弄的过程才是电影搞笑的卖点。由此看来，玩具枪逼真的造型和略带恶意的声音效果真的会对成长阶段的孩子产生影响，这确实值得商榷。

因此，本能体验对文化创意产品的重要性不言而喻，但也需要与产品最终传达给用户的价值观和理念相联系。在追求强烈的本能体验的同时，要避免夸张，同时要考虑与其他两个体验层次的结合，给用户更全面的体验。

2. 行为层体验

行为体验虽然和本能体验一样，是先于意识的体验，但与第一印象不同的是，本能体验强调的是产品带给用户的感受，行为体验关注的是文化创意产品的功能属性和使用感受。作为一款文化创意产品，比产品是否方便好用更重要的是产品的使用能否给用户带来乐趣，创造有趣的互动体验。用户在触摸和使用产品时，可以与用户产生有趣的互动，给用户带来愉悦的心情。这是一个行为体验设计，一个优秀的文化和创意产品除最基本的功能之外还需要它给用户带来快乐的体验。

比如杂货品牌无印良品的壁挂式CD音响。这款CD音响型号简单，只有方形机身和电源线。使用时，将光盘放在主机上，然后轻轻拉下电源线开始播放音乐。播放音乐时，光盘会高速旋转，然后再次轻轻拉动电源线停止播放。根据设计师深泽直人的故事，这款CD音响的设计灵感来源于他小时候家里老式的壁挂式电风扇，下垂的线性开关，轻轻一拉，风扇就打开了，扇叶旋转，散发出温柔的微风，而播放音乐时CD盘的旋转状态与扇叶非常相似。有了这样的设计，轻轻一拉开关，光盘旋转，音乐就会如清风般扑面而来。它只改变了普通CD机的摆放和开启方式，带来的体验是如此的惊艳。

可以看出，本能体验和行为体验通过巧妙的设计完美融合，即细微的细节可以带给用户突破传统使用体验、惊喜的感觉，大大提升产品的吸引力。如何创造这样的行为体验，需要设计师仔细观察生活中的每一点点滴滴，以用户为中心去思考一切。

3. 反射层体验

本能体验和行为体验都先于意识体验，即这两个层面的体验可以使用户产生相关的生理感受和情感认知，但这些都是无意识的，不是用户自我思考所获得的结果，这也是反思体验与前两者最大的区别。反射层体验是用户体验中的高级阶段，与产品的创意内涵、文化属性、联想等特性息息相关。它通常可以在使用产品的过程中引起用户的思考或回忆和联想。

人们在看到一个产品的时候，心中会有各种各样的想法，比如产品是否符合自己的风格，选择哪种风格更好，哪种颜色更适合自己等，这一切都属于反思性体验。因此，反射层体验设计应该给予产品的，是通过文化创意产品让用户思考一些文化内容，联想一些创意意境，回忆一些情感体验。比如上面提到的"我知道"系列磁带的设计，通过简单幽默的文字，向用户呈现了关于宫廷文化和皇室生活的无限遐想。当用户购买这种磁带并带回家时，再次看到它会让他们想起以前在台北故宫博物院播放的场景。

构思巧妙的文化创意产品，可以通过调动与用户的互动感受，唤起用户对反思层面的体验。就像行为层体验中介绍的案例一样，来自无印良品的壁挂CD音频，轻轻一拉电源线，在播放和暂停音乐的时候，简单的感受到惊喜，就是行为层体验带来的感受，这一系列动作结合旋转的CD盘，让用户联想到过去生活中老式的壁挂风扇，甚至让用户回忆起童年的记忆，已经上升到了反思层面的体验。

比如设计师刘传凯的"上海微风"檀香折扇。设计师选取黄浦江水、外滩符号及上海十几座标志性高层建筑作为创作元素，最终以剪影的形式呈现在具有东方特色的实物载体折扇上。这款折扇是为了迎接和纪念2010

年上海世博会而设计的。它以独特的城市天际线，展现了上海包容开放的城市基因，欢迎世界各地的朋友相聚。这个看似简单的设计，其实蕴含着丰富的上海地域文化元素。想象一下用双手慢慢打开折扇，展开上海城市地图，一定会唤起用户对魔都上海的美好回忆和无限遐想。

可以看出，反射层体验给产品带来的附加值水平高于本能层体验和行为层体验，但这仅限于目标用户群体。非目标用户群体如果不能理解反射层体验设计，就不会产生相关的思维联想，也没有相应的记忆去追溯，反而会感到迷茫和困惑，而本能层体验和行为层体验相对更受欢迎。当然，反射层的体验会因人而异。成长环境、教育经历、文化背景不同的用户，对同一个文化创意产品会有不同的体验。所以设计不能满足所有人的喜好，是一个在矛盾中寻求共性的过程。

（二）以用户为中心的设计研究体系

以用户为中心的产品设计研究系统是对原有设计研究系统的发展。从历史上看，社会化大生产之后的设计，有其自身更倾向于工业化生产的气质，也就是说，设计最初的服务对象是社会化生产与工业线匹配的设计。我们可以说设计本身诞生于一个规划层面，但在工业生产中，设计完成了从"规划"到"设计"的角色转变，成了一门独立的学科。在社会发展的现阶段，产品本身的实用功能已经趋于饱和，也就是说消费者或用户在购买产品时的决策维度已经从单一的功能标准转变为多维度的考量，这也是本次研究的重要论点之一。由于用户或消费者的多维度决策，产品本身的形态和意义得以延伸，从而加速了产品本身的发展。

以用户为中心的设计研究的目的是明确用户的需求。在体验经济时代的背景下，用户做出了多维度的决策，这使得原创设计研究在一定程度上受到挑战，也就是说原创设计研究已经不能满足现阶段设计从业者的理论需求，从而催生了新的研究范式。简单来说，工业背景下设计的目的是工业生产，也就是说，它的主要目的是"复制"，通过复制可以实现设计本身的意义。现在，购买产品的受众的决策发生了变化。这种变化不仅在社会学层面上具有重要的积极意义，而且在改变社会模式的同时，也改变了设计本身的属性，即从服务行业向服务人民转变。设计研究作为设计的先行者，首先面临迭代的挑战，从"复制"回归到人类经验，这就要求设计研究作出相应的先行者，即在设计的早期帮助设计者识别用户。

以用户为中心的多维设计考虑是设计和研究系统的基础。以用户为中心的设计研究是基于满足用户体验的多种资源配置，也就是说设计本身的意义已经从单一的前端规划转变为过程管理，即设计过程的全线反馈，这不仅仅意味着设计者角色的转变，更重要的是设计者的角色已经从特定过程的设计者转变为资源配置的有效力量，因为在用户体验的维度上，其体验依赖于不同资源的支撑。再者，在产业融合的今天，设计师的责任不仅仅体现在产品形态上，更重要的是，他们已经需要对过程中所经历的风险负责，而这种风险需要通过多维度的资源配置来稀释，才能设计出高用户黏性的产品。

1. 需求和经验的分级映射

从用户需求来看，其体验的映射与体验的层次基本一致。本能需求来源于安全需求。产品设计中首先提到的是产品的基本道德，即不伤害用户，即在产品设计的导入期要保证产品本身的安全可靠。这里提到的可靠性一般分为两个维度来讨论。基本维度是生理安全，即"无伤害"。更高的安全维度涉及"认知安全"，即人的"认知惯性"和"认知经验"。

行为层的需求是基于本能层的递进需求。它的经验层次映射到对刺激反馈的需求。简单来说，在用户与产品的交互过程中，哪些用户的需求需要通过行为层的映射来满足，成为行为层设计中需要探讨的话题。用户在行为层面的基本需求是"确认"的需求，即归属感，即映射在行为层面上的归属感体验，因此如何生成话题及能够在话题上生成的社会引导，以及社会引导触发的尊重阈值的确认成为现阶段用户的主要需求。

在反射层，用户的需求变得多样化。一般来说，部分过程需求和所有结果需求都会成为用户体验的完整映射。我们之所以在这里讲部分过程需求、全部结果需求,是因为在讨论具体需求时,由于时间流的不确定性,过程和结果之间的边界讨论会变得模糊,也就是说,在讨论结果的时间维度时,具体的研究者很难将用户对结果的需求从事件中作为单个样本分离出来。所以在这里讨论结果或者情感需求的时候,不能只映射反射层的需求,需要设计一些行为。对于处于反射层的用户来说,他们自身的需求是自我实现的,也就是说,用户更关心的是行为结果中"我"的认同和自我实现。

2.产品和体验的分层映射

从基础层面来说,在产品设计中,基础产品的出现是为了满足人们的安全需求,产品体验的基础是安全,即产品不对人们的体验构成威胁。此时,产品的主要意图是提供"无害保护"。从产品维度来看,基本层级的映射是基于安全的考虑,即特定产品在接触初期不应该是"攻击性"的,排除纯物理攻击。

从行为层面来说,产品体验应该是多元化的。因为在行为层阶段,产品只能提供基本的属性功能。至于行为层的人的目的和意图,设计师通常会留有相应的余地。从体验的角度来看,设计内置在行为层的产品体验能够满足基本的安全需求,更重要的是能够保留用户体验的产品定义的可能性。这个"未定义"不仅会引导后续社交和自重的产品延伸,更重要的是行为层的产品。

和需求的映射一样,产品和体验在反射层的映射也是多样的,用户使用产品后对产品的评价会直接影响产品的迭代和用户的忠诚度。简单来说,产品要在反射层为用户创造良好的情感体验,让用户产生相关的语义联想,保持良好的品牌忠诚度。

三、基于用户体验的文化创意产品设计

（一）基于用户体验的文化创意产品设计方法

本能体验是体验设计的初级阶段，注重产品外观和质感带来的感官体验和情感判断。行为体验是体验设计的中间阶段，主要从使用性、易用性、享受性等方面创造产品与用户交互过程中的体验。反射层体验属于体验设计的高级阶段，主要是让用户产生记忆、联想和思考，探索新的生活方式，实现对自我价值的追求。优秀的体验设计必然会准确把握用户的需求，选择合适的体验层次，以合理巧妙的方式把握用户的内心。没有一种产品能满足所有人的需求。不同类型的文化创意产品具有不同的产品特征和文化属性，其用户群体也完全不同。因此，一个特定的文化创意产品需要展现什么样的用户体验，完全取决于对目标用户需求的把握和体验层次、设计方式的选择。

当然，这三个层面的用户体验不会以纯粹单一的形式依赖于某个产品，但它们之间的互动是复杂而紧密的。正如前面提到的案例，无印良品的壁挂式CD音响为用户提供了一种奇妙的体验，这种行为层面的互动引发了对过去生活方式的追忆和怀念。同时，"我知道"系列磁带传达了皇室生活和宫廷文化，在使用时也能给用户带来一些乐趣。可见，任何产品都包含多层次的用户体验，设计师在照顾各层次用户体验的同时，要注意根据具体用户需求选择体验层次。

1. 本能体验设计方法

本能体验处于三个层次中最初级的阶段，这也决定了它最受欢迎的特点。这个体验层次强调的是用户触摸产品时产生的生理感受和情感判断，所以在这三个层次当中，也是最容易引起用户共鸣的。因为无论人们来自哪个国家或地区，无论他们的成长环境、教育经历、文化背景等有多么不同。所有人基于生物水平都有相同的神经感知特征，所以人的第一感觉，

比如鲜艳的颜色、欢快的旋律、芬芳的气味等，必然是积极而美好的。因此，在设计行为层体验时，不仅要考虑产品的外观、色彩等属性，还要强调产品与用户之间的信息交互，充分突出用户触摸产品时第一印象的体验价值。

（1）外形醒目

对于不同的文化创意产品，优秀的设计表现手法不尽相同，但不变的是设计师对能够唤起用户强烈感官体验的产品元素的把握。比如从视觉体验方面，通过独特大胆的造型设计，可以加强用户与产品之间的感官互动，放大产品的文化特色，抓住用户的眼球。

特定的文化会有特定的受众，形成特定的粉丝群体。在这种情况下，文化创意产品造型的设计可以以创造独特的视觉感官体验为突破口。设计师在对产品属性有了深刻的理解之后，会对文化元素进行抽象和概括，或者直接形象地表达出来。只要他使用适当的技术，就能为用户提供独特的感官体验。

比如日本3C配件公司Hamee推出的迪士尼屁股系列充电器，相信用户看到屁股的那一刻，就牢牢抓住了用户的眼球。该系列充电器直接选用迪士尼经典动画形象米老鼠、唐老鸭、小熊维尼的半身造型，当插入插座时，就像图像字符被卡在墙上的孔中，无法拔出。俏皮的外观让人捧腹大笑，瞬间萌人心扉，原本冰冷的电子配件瞬间变得可爱又温暖。

也是具象表达，比如Power Angel Studio的EVA外挂U盘。EVA的中文名为《新世纪福音战士》，是由日本龙子工作室和GAINAX动画公司联合制作的动画作品，于1995年首次播出。这项工作彻底改变了意识流和大量宗教和哲学图像的使用。一经推出，就在日本引起了"社会现象与阶级"的巨大反响，进而成为日本动画史上的里程碑。作为影片中的重要角色，《福音战士》家喻户晓，前面提到的外挂是人类驾驶员与机甲《福音战士》连接的操作舱，是机甲与驾驶员之间的桥梁，为驾驶员的安全提供了最可靠的保障。这款U盘直接采用了具象化的方法，外形几乎还原了插件的所有细节，无疑能够牢牢抓住EVA粉丝的注意力，这种隐喻为用户的数据提供了最可靠的保障。因此，虽然受众相对特定，受众相对较少，但具体的造型手法可以为特定的用户群体提供良好的视觉感官体验。

对于文化元素在造型中的应用，除了具象夸张，对应的自然也有抽象概括。与具象造型相比，如果将文化元素抽象符号化再加以运用，表达会变得更加微妙。有时候，通过与产品属性相匹配的表达式，可以获得更好的表达式结果。

如一对名叫"东西"的烛台设计，来自设计师王杨的独立设计品牌YAANGLIFESTYLEo，这个品牌创立于2007年，设计的产品主要包括各种原始家具、灯具等家居用品。品牌产品基于设计师自身丰富的国内外生活和工作经验，以西方时尚奢华的形式传达传统东方精神和当代YAANGLIFESTYLEo，从"东西"烛台上可以清晰地看到"东"和"西"实际上是指东西方两个文化极。"东"代表中国摩登之都上海，"西"代表国际大都市纽约。产品分别选取了两地地标性建筑东方明珠电视塔和自由女神像作为元素，抽象出它们的轮廓，并采用亮铁板烤漆材质，色调鲜红，造型独特悦目。当"东方"和"西方"放在一起时，两种不同的文化意象相互碰撞，产生了和谐的火花。单从感官的第一印象来说，因为东方明珠电视塔和自由女神像的高辨识度，它们大胆的色彩和剪影第一时间就能给人强烈的视觉冲击。

而另外一款竹香盒，叫书香，类似"东西"烛台。有带墨的古竹简，有带香的现存竹盒，有用镂空竹盒包裹的白纸礼盒。在这个方形竹盒上，汉字的笔画被分散和重构，并通过镂空呈现出来。五千年的传统文化，刻在竹片上，一下子让原本平平淡淡的香具有了一种素雅的气质和浓浓的东方审美韵味。取一盘香，点燃，贴在盒内黄铜锥上，盖上竹香盒。诗意的文字仿佛化作一缕缕青烟，袅袅上升，在你关心文人墨客的诗歌时，在喧嚣的世界里营造出片刻宁静，让用户感受到传统悠扬的慢生活方式。相信这款"貌如其名"的香盒一定会在第一时间给其目标用户带来良好的体验。

（2）独特新颖的材料和技术的应用

除了视觉上的夸张和文化元素的抽象，产品材料的选择和使用有时也能为用户创造出非凡的本能体验。人们往往对产品和材料的常见组合视而不见，有时甚至基于第一视觉印象对产品的材料和性能做出错误的主观推断。因此，特殊的材料选择，结合适当的技术应用和巧妙的设计技巧，将为各级用户带来前所未有的新鲜感体验。

"大白呼吸灯"是迪士尼授权、中国台湾地区Info Think设计生产的遥控LED灯产品。这个呼吸灯的造型来自2016年迪士尼畅销影视动画《超能陆战队》中的机器人大白形象。影片中，大白温柔体贴。一经推出，就转化为无与伦比的超级暖男形象，迅速晋升为"国民男友"的角色形象。这款灯也很符合影像的特点，巧妙地运用了乳白色半透明硅胶材质，手感柔软有弹性，半坐姿势憨态可掬，手和头都能动，容易摆出比较呆萌的姿势。同时，该灯还提供多种特殊照明模式，如渐闪模式、平稳呼吸模式、闪烁呼吸模式和独特睡眠模式，并支持手动调光。这样节能环保又温柔暖心的白光一定会受到大家的喜爱。

可见，产品材质的巧妙运用可以给用户带来独特的触觉感官体验，特殊技术的运用也能带来惊人的效果。比如来自dqpower的死星蓝牙无线音频，这款产品最鲜明的特点就是整个音频悬浮在空中。死星是银河帝国在电影《星球大战》中建造的一种特殊武器的代号，也被称为DS-1轨道战斗空间站。这个巨大的空间站装备了一门能够摧毁一个星球的激光炮，这是银河帝国暴政的象征，也是星球大战电影的重要文化元素。这款蓝牙无线音响巧妙地结合了磁悬浮的原理，与底座一起将死星形状的音响机身悬浮在空中。而且，只要用手轻轻一碰，死星就会旋转。再加上灯光效果设计，完美还原了电影中死星的场景。该音频设计基于产品文化元素的特性，运用高度匹配的技术原理，配合恰当的呈现手法，为用户提供视觉和触觉的完美双重感官体验。

2. 行为层体验设计方法

行为体验处于三个层次的中间阶段，但和本能体验一样，感觉和情绪是无意识的。这种体验水平主要是指用户和产品在使用过程中的互动。不用说，产品的功能性和易用性都要在这个层面强调，这是产品在与用户交互过程中带给用户的有趣体验和情境再现。当然，行为层面的体验应该是简单直接的，用户因其创造的使用兴趣和创造的文化情境所带来的愉悦心情不需要通过大脑思维来产生，否则会通过交互触发创造性思维，这已经上升到了反思层面的体验。

（1）开发有趣的互动使用

人们往往对身边的日常用品有一种心态，比如天黑就开灯，下雨就撑伞，空调降温，风扇制热。这些产品的用途和功能早就为人们所熟悉，以至于人们对其关注度都不过分。所以在原本的使用过程中，给产品增加有趣的互动体验，可以唤起用户视而不见的产品新鲜感，给用户带来意想不到的惊喜。设计师的重心也需要从产品本身转移到用户与产品的交互过程，即从"创造"到"规划"。如一本来自网站Hat-trick Design出品的儿童读物《Hide & Eek!》。Hat-trick Design是一个设计类网站，点开他们的网站时，独特的页面设计就能让人们眼前一亮。他们的产品往往是独一无二的，他们对产品解决方案的独特见解融入不断地创新中，所以各种新奇的设计往往让人眼花缭乱，这在绘本《Hidden & Eek!》中就有所展现！这可以在画中看到。相信很多人小时候都有过这样的经历，就是晚上躲在被子里，把自己裹得紧紧的，然后拿着手电筒在被子里看绘本。一个手电筒加一本书，相信这是很多人的童年记忆，还有捉迷藏！正是这个有趣的动作，让我在这一点上把握并做足了文章。一本书的每一页都有一些简单的图形简笔画，如图中的一个例子所示，正面的图案是一匹大马，而只要是在黑暗的环境中，当然最好是用手电筒等光源将页面背面投射到封面下，那么一件神奇的事情就会发生！页面中隐藏的图案会出现——大马其实是由两个人撑起来的布偶！其实每一页的图案和故事都很简单，一目了然。但是在黑暗环境下用手电筒的阅读方式，读者和绘本之间有很强的互动，简单有趣。

《星球大战》可以说是一部家喻户晓的史诗级电影系列。在前一个案例中，也提到了这部电影中的著名场景死星，接下来我要讲的只是电影中的另一个重要元素——光剑。光剑实际上是一种剑柄形状的武器。它收起时没有刀片。绝地战斗时，强大的激光刃会出现，比如达斯·维达和卢克·天行者战斗的经典场景。光剑酷炫的外观确实让人印象深刻，很多玩具厂商抓住了这个卖点，纷纷推出各种光剑相关衍生产品，但这些产品大多不实用，只是玩具模型。来自中国台湾的玩具制造商"野兽王国"通过独特的方式将光剑和雨伞结合在一起，创造了一把光剑伞。剑伞长114cm，重2.5kg。用透明部分代替普通长柄伞的手柄，然后内置LED发光管。日常生活中不用的时候，剑伞和普通长柄伞几乎没有区别。然而，每当下雨，当用户打开雨伞时，凉爽的光线立即吸引了所有人的目光。LED光源有红、蓝、绿三种颜色，分别对应电影中达斯·维达、天行者、尤达的角色。光剑和雨伞的完美结合，让原本简单的开伞动作变得如此充满惊喜和神奇，给用户带来了充满乐趣的互动体验。需要补充的是，这款光剑伞的手柄底部还设计了一个光线正常的LED手电筒，与高亮的光剑手柄一起，为用户夜间出行的安全提供了可靠的保障。可以看出，这款光剑伞正在考虑如何与用户的兴趣互动，在实用性和安全性上不打折扣。

（2）文化情境互动的构建

中华文明源远流长，在这条长河中积淀了无数的传统文化和实物。碾子是我国农村常见的石制工具，主要用于人力或畜力对高粱、水稻、玉米等农作物进行剥皮或粉碎。来自中国的原创家居品牌半木，受设计师吕永中古徽州之行的启发，推出了一套惠之灵诗体房系列创意办公文具。受古徽州儒商融合的魅力影响，设计师选取了古徽州一些独特的装饰纹样，从中提取造型元素，配合石木的运用，打造出这套办公套件。其中，有一个名片架，采用了滚轮的元素。在简单的长方体木箱两侧开两个略倾斜的滚动槽，再放上两个滚轮形状的滚石，就构成了名片座。用户在使用名片时，可以发现磨刀石并不是简单的装饰元素，而是可以将名片分开，插入或取出名片的动作可以使磨刀石在滚动槽上滚动。整个设计简约，实用时尚，可以说不仅仅是产品与用户的互动，更是传统文化与用户的互动。

在日本文化艺术中，枯山水的庭院设计占有非常重要的地位。在细沙碎石铺成的地面上，放置几块形状奇特的石头和院内的石灯，然后用特制的木耙沿着放置的物体外围在碎石地面上划出均匀的纹理。虽然没有花草树木，但一幅具有极强象征意义的自然山川画卷正在徐徐展开，让其中的人们静下心来，与庭院一起回归自然。设计师齐藤良行和相平泽田携手甜品师稻叶季红，在新安寺推广石庭点心。纯白包装上只印了点心名称和logo，简约的外观给人的第一印象就是干净。打开盒子后，你会看到一个空的迷你花园。迷你庭院铺满了细碎的砂糖，旁边的小格子里摆满了石头和树叶形状的零食。在品尝之前，先把零食放在"庭院"里，然后拿出盒子里附带的迷你小木耙子，就可以开始打造属于自己的干山水庭院了。从最初打开包装的过程，到享受味道，增加了手工搭建庭院的过程，一下子丰富了人与物的互动，让人倍感温馨甜蜜。至于互动的结果——枯山水的建构和对于山水文化意境的沉思，已经属于反思层面的体验，将在后面的案例中进行解释。

3. 反射层体验设计方法

反思经验与上述两个层次的经验最大的区别在于与人类意识的联系。这一层次的体验往往可以通过优秀的交互体验激发用户的创造力，或者创造复杂的情感体验引发用户的联想和思考，在三个层次中处于高级阶段。这一层次的目标用户群体也会相对明确，通常是自我认知能力较强、对自我价值和个性追求强烈的群体。反射层体验的设计需要超越目标用户群体的需求和期待，用合理的产品达到令人惊喜的效果。在这里，根据用户群体需求的差异，总结了反射级体验的两种设计和实现方法。

（1）创造互动，激发创造力

在保证产品功能的前提下，在用户与产品的交互过程中加入更多有趣的体验操作，激发用户的自主创造力。使用功能的这种扩展不同于前面提到的行为体验。不是单纯意识层面之前的交互体验，而是在开放自主的基础上，用户需要独立思考完成交互，从而满足用户对个性和自我价值的追求，是思维意识层面的愉悦感受。

乐高是世界知名的玩具制造商。它的积木深受孩子们的喜爱，带有乐高积木的笔记本也受到年轻人的青睐。比如乐高笔记本的封面是用乐高一般的单色凸起形状做底座。有了这样一个平台，用户只要选择自己喜欢的颜色和形状的积木，就可以在笔记本的封面上拼出自己想要的图案，尽情地创作。

另一个例子是设计师法比奥·米利托的包装纸设计。这张包装纸上整齐地印着英文字母。乍一看，似乎和普通的印有其他图案的包装纸没什么区别，但在看似不规则的字母中却隐藏着一个谜。事实上，字母的排列中隐含着各种各样的问候。在包装纸的背面，有给出一些常见祝福的圈圈小技巧。当然，用户也可以用眼睛找到自己需要的字母并圈起来，来表达衷心的祝福，立刻就变成了量身定制的礼包。带着爱的文字在无垠的字母中圈出，满足了包装礼物的用户的互动体验，激发了用户的创造力，同时也给礼物的接受者带来了深深的爱。

由此可见，全开放的交互过程可以为用户提供创造自己形态的机会，满足用户对个性化、定制化的追求，在趣味化的交互过程中激发用户的创造能力，给用户带来意想不到的体验。

（2）创造情感引发思考

通过产品的文化价值、独特个性或原创性，唤起用户的联想或呼应一些文化记忆，也是一种反射层体验设计。这种设计的关键在于清晰把握用户心理，思考目标用户群体的情感诉求。就像上面引用的新安寺石婷点心的包装设计一样，通过创造产品与用户的互动过程，增强产品的高雅品质和形象意识，使用户联想和思考某种特定的文化形象或民族情结。

比如原创设计品牌WEIS带来的三潭印月紫砂香炉。WEIS品牌由设计师魏航创立，专注于面向市场、人性化、创意化产品的设计与开发。基于杭州这个文化底蕴深厚的城市，维斯品牌专注于以中国传统文化为基础，以国际设计理念开发创意家居产品。"水光潋滟晴方好，山色空蒙雨亦奇，"西湖在中国传统文化中的重要地位不用多说，而三潭印月作为西湖的一道亮丽风景，带给去过江南的人无限的回忆，也带给从未去过的人无限的期待。WEIS香炉是三潭印月的炼形元素，以宜兴紫砂料，再现烟雨朦胧的意境。当用户点燃一根香棒，盖上香炉，烟影绰绰地从洞中冒出，缓缓升起，一定会把用户的思绪带到烟波浩渺的西湖，随之而来的是对江南的无限遐想和憧憬。在这里，紫砂香炉营造了特定的文化意境，带给用户独具江南特色的体验，唤起用户的回忆与向往。

比如设计师翁捷带来的客家茶具Hakka，2010年获得红点概念设计奖。品茶是中国人的传统社交礼仪，是一种具有中国特有礼仪文化和饮食特点的分享和交流方式。它是中国茶的故乡，也是茶文化的发源地。自古以来，福建地区一直是中国最重要的茶叶流行区。同时也是中国客家文化和福建客家的发源地和主要聚集地。所以，没有饮茶文化，往往谈不上客家传统。在中国饮茶文化中，"分享"的社会互动与品茶过程同样重要，而在饮茶过程中，茶具本身就是茶文化最重要的形象。一套合适的茶具不仅体现了主人喝茶的品位和对交际礼仪的重视，而且处处体现了茶本身的气质和文化内涵。客家茶具设计是以福建客家土楼文化为主要设计元素，将整套茶具变成一组具有地道客家风情的闽南土楼。在中国汉族传统建筑中，土楼是一种独特的闽南客家建筑，整体为环形多层建筑。这种建筑最大的特点是"住在房子周围"。许多家庭都住在同一个中央露台上。他们共享相同的生活资源和设施，也分享彼此的生活经历和点点滴滴。这套名为客家的茶具，通过客家土楼的"分享"理念，凸显了中国茶文化中的"分享"文化。既有文化内涵，整体流畅，造型美观，又延续了客家土楼实用、多功能的效用。圆形设计的壶体最大限度地开发了茶壶的使用空间，茶壶中央的"天井"就是放置茶杯的地方。这样的设计，以其自身的气质内涵，为用户带来了浓浓的客家风情、一壶好茶、分享交流的房间，引发用户对客家文化的无限思考。

（二）文化创意产品的体验设计原则

从设计过程来看，创意产品的体验设计原则主要分为三个方面，即强化文化主题、提高文化意识、创造多元化体验。

1. 强化文化主题

强化文化主题的目的是创造良好的文化产品势能。从文化创意产品的推出期来看，加强文化主题本身是非常必要的，主要体现在以下三个方面：增加品牌知名度；构建文创产品的设计语义；物化的产品需求。

强化文化主题能有效帮助提升品牌知名度。文化创意产品的本质是文化的具体外化。对于文化创意产品本身来说，加强文化主题培养用户的品牌认可度，有助于其文化的发展。从设计传播的角度来看，强化文化这一主题有助于相关文化产品在导入期有效建立良好的产品势能。

强化文化主题可以帮助相关品牌建立文化创意产品的设计语义。文化创意产品的语义主要分为两个方面。一方面，文化创意产品的语义可以帮助相关品牌建立产品造型基因；另一方面，文化创意产品的语义有利于文化创意产品的迭代延伸。可以帮助文化品牌在前期建立相关的文化壁垒，为文化创意产品前期传播弱势文化提供一定的认知保障。

强化文化主题有助于文化和创意产品的实现。文化本身就是一种虚拟产品。用户消费文化的难点在于文化本身的虚拟性难以量化和消费。因此，一方面，强化文化主题可以帮助人们快速建立相关文化的立体感知；另一方面，强化文化主题可以帮助设计师在物化文化创意产品时找到相关的设计原则。

2. 提高文化意识的有效性

文化产品意识的有效性在于有效的识别和有效的文化传播。识别的有效性，即语义识别的有效性。相关文化势能建立后，文创产品设计的主要诉求在于有效识别。即一般文化创意产品的标准化和差异化。标准化在于内部设计语境的统一。统一的语境有利于文化创意产品的迭代和识别，有利于同一条线上产品认知符号的构建。在认同内部语义统一的基础上，差异化在认知上有别于其他文化创意产品。

沟通是有效的，即在设计沟通中是有效的。认可度高的文化创意产品在设计传播中会处于相对有利的地位，而在文化创意产品意识的建立方面，有效的传播会对文化创意产品的文化水平起到决定性的作用。

3. 创造多样的文化体验

创造多元化文化体验是为了在人类社会越来越复杂、信息流通越来越发达的情况下，缓解各种文化发展所面临的不同机遇和挑战，了解新文化的一种新的文化格局，以加快文化的更新和转型。在现代复杂的社会结构下，不可避免地需要不同的文化来服务于社会的发展。这些文化为社会发展服务，社会发展造就了文化多元主义，即复杂社会背景下的多元文化主义。至于文化创意产品，构建多元化的文化体验可以成为设计原则之一，因为构建多元化的文化体验可以帮助文化创意产品建立良好的认知语境，其次减少文化创意产品本身的传播障碍，更有利于文化创意产品的传播。

第二节 基于多感官体验理念的传统手工文创产品设计

一、多感官体验概念及相关理论概述

（一）多感官体验的概念

感觉体验是指个体通过感觉外界刺激的器官，包括眼、耳、鼻、舌、身等，接受外界刺激的过程。多感官体验是两个或两个以上的感觉器官共同作用获得生理和心理感受的过程。多种感官的协同作用，可以有效帮助

个体强化认知，激发情绪，从而获得精神体验和满足感。

1. 感官体验的认知原则

复杂的感觉系统是个体认识事物的基础。个体对事物的认知过程一般分为三个阶段：感觉—知觉—记忆。当人体的感觉器官受到一定的外界刺激时，神经系统对外界刺激产生反应，产生感觉。感觉是个体对事物的个体属性和特征的认识，如感觉色、香、柔、刚。感知来源于感觉，是个体基于各种感觉和自身的知识经验，对事物整体及其关系和关系的综合认知。比如看到一面红旗，听到一个凌乱的脚步声，碰到一块软布等。最后，感知通过神经活动存储为记忆。感觉是个体对客观事物最直接、最基本的感受，感知需要通过个人的经验和知识进行加工，从而形成对客观事物的综合认知。从感觉到知觉，构成了个体对客观事物的感觉体验的全过程和感觉体验的过程。

2. 多感官体验的感官表达

美学家罗伯特·费歇尔在《美的主观印象》一书中提出，人的感觉系统是一个相对独立、相互联系的整体。感官的运作不是独立的，各种感官的协同作用共同构成了一个完整的感官世界。人体的感觉系统又细分为视觉系统、嗅觉系统、味觉系统、听觉系统和皮肤感觉系统。原研哉在《设计中的设计》一书中提出："了解人的感受和感受形式，然后利用设计让观众获得和认识信息，是21世纪设计发展的新方向。"将多感官体验的概念应用到产品设计中，首先要分析和掌握个体是如何通过各种感官系统接收产品信息的，即用户是如何通过看、听、嗅、尝、触等动作认识产品、体验产品、完成对产品的综合认知。

（1）视觉感官体验

视觉是人类最重要的感官。通过视觉，个体感知外部物体的形状、颜色、大小等属性。一个产品，如果一开始不能抓住消费者的眼球，在视觉形象上吸引他们的眼球，就会大大降低顾客的消费欲望。在传统设计中，视觉元素往往是设计活动的中心。产品的视觉感官表达主要表现在产品的颜色、形状和材质上。从色彩的角度来看，作为视觉感官体验最突出的维度，色彩的内在属性和色彩本身就能起到感官印记的作用。在设计中，在产品的整体形象中，色彩首先作用于人的视觉感官，是设计作品最外在的表达，也是最直接的感官表达。不同的颜色传达给人不同的心理感受。在由颜色引起的各种心理效应中，唯一得到科学证明的是长波光和短波光在各种认知行为中对人的表现有不同的影响。一般来说，短波光（感知为蓝色）是放松和平静的，而长波光（感知为红色）是令人兴奋和刺激的。同时，不同地域文化背景导致的人们对色彩的心理感受也可能有所不同。在中国人的普遍认知中，红色给人一种激情和危险的感觉，而紫色给人一种高贵和深刻的感觉。从形态学的角度来看，人们可以通过物体的反射波长来区分物体的不同形状，形状是物体的固有属性。在设计中，产品的造型风格和造型也是最基本的视觉符号。不同的形状给人不同的视觉感受和情感体验。流线有运动感，三角形给人锐度和稳定感。从材质上来说，不同的材质由于纹理、色彩等方面的影响，给人不同的视觉体验。木质材料的简单，塑料的轻盈，玻璃的透明和洁净。以新中式和现代简约风格的家居为例。新中式家居多采用木质材料，装饰材料多为天然材料，整体颜色以深色为主，家具产品造型线条硬直。然而，现代极简主义家居使用了大量的金属构件，棉、麻和人造材料等。整体风格以浅色调为主，色彩对比强烈，家具产品线条简洁流畅。两种不同风格的家居在整体视觉感受上存在较大差异，满足不同消费群体的需求，巧妙运用色彩、造型、材质的不同组合，抓住消费者的眼球，唤起他们的情感共鸣。

（2）听觉感官体验

听觉系统是仅次于视觉系统的重要感觉系统，人们获取的信息约有13%来自听觉。听觉是人把听到的声音振动传递到大脑皮层形成认知的体验过程。无论是在日常生活中，还是在影视作品中，听觉都起着重要的作用，声音可以改变人们对一种体验的感知。在一些特定的影视剧片段或者一些特定的情境中，噪声、音乐片段和人声都能起到烘托气氛的作用，让场景更加生动，更有代入感，给人留下深刻印象。就像我们常说的"声音离它的周围很近"，当你听到一个声音时，你会自发地想到某个经历或某个场景，你会觉得自己好像置身于这样的场景中，这很好地体现了听觉经历对记忆的影响。

在设计中，听觉起着更多的辅助作用，补充视觉在设计中无法表达的东西，进一步强化设计，向消费者传递更多的产品信息，给受众留下更丰富的感官印象和体验。感官表达通常涉及产品结构、材料和功能在设计中的运用。当使用不同材料和结构的产品或发生碰撞时，产生的声音是不同的。一本书翻页的声音取决于纸的厚度，打不同的杯子声音也不同。产品日常使用中听觉表达的案例有很多，比如冰箱门打开时的音乐提示，汽水瓶拧开时的"滋滋"声，软件交互的反馈声。将听觉感知融入设计中，不仅可以增加产品的独特性，还可以营造一种共鸣的氛围，提升受众的情感体验。

（3）嗅觉和味觉的感官体验

嗅觉和味觉会相互融合，相互作用，所以我们会专注于味觉和嗅觉。气味是一种比视觉图像更有张力的记忆形式，它可以持续更长时间。气味不仅可以营造氛围，重现熟悉的气味，激发用户的记忆，实现场景再现，激发用户的情感共鸣。感官表达在不同的设计领域有不同的效果。在书籍设计中，我们通常可以感受到墨水的芬芳和纸质书籍的文化魅力。在一定程度上，纸质书的文化气息更加浓厚，这也是随着电子信息技术的发展，很多人依然偏爱纸质书的重要原因。嗅觉是环境艺术设计中最重要的表达。无论是在自然景观设计还是室内环境设计中，我们经常能闻到各种气味，比如自然景观中的花朵，商场中的香水。在环境设计中，气味的运用可以为观众营造愉悦的氛围，给灾难留下深刻的印象。气味是产品包装中的直接刺激，使消费者在第一时间对产品有直接的感知。尤其是在食品包装中，气味体验可以直接影响消费者的购买决策。嗅觉表达在产品设计中的应用目前主要集中在香味产品上，包括两大类，主要是液体香味和固体燃烧香味。这种本身无臭的产品,结合了香和产品,主题以气味为映衬。这样的产品在古装和文化创作系列中比较常见。

味觉的感官体验需要通过味蕾感受物质带来的甜、酸、苦、咸的感觉。需要说明的是,辣是一种痛,不是味道。产品味道的设计不能只关注材料的单一维度,产品的颜色和气味也能在一定程度上引起味觉的感官体验。以药物颗粒为例,药物颗粒的外壳往往由甜玫瑰红或酸甜橙制成。通过产品的颜色,充分利用观众在口味上的联想来缓解药物的苦味。比如日常生活中,我们看到柠檬,即使不吃,嘴巴也会不自觉地分泌唾液,感觉酸酸的。文化创意产品设计中的感官表达目前体现在各种文物的食品设计中,主要是饼干和曲奇,很有意思。目前,文化创意产品的设计很少使用嗅觉、味觉的感官体验,它是多感官协同作用的结果,借助于产品形状、颜色等感官元素的转化。

（4）触觉感官体验

触觉系统是全身唯一无法回避的感觉系统。与视觉只能通过眼睛不同,听觉只能通过耳朵。触觉感知不局限于身体的具体位置,是人类最敏感、最本真的感受。触摸使个人能够感受到物体的许多物理特征,如硬度、质地、温度和质量。触摸物体的方式取决于个人想要感知的物理属性。通常,触觉感知一般发生在视觉感知之后。首先,视觉系统接收信息,其次将接收到的信息传输到神经中心。当大脑接收到信息并做出反应时,受众有意识地接触到产品,产生触觉感知。与艺术品不同,产品是为了满足人们的需求,为人们服务而设计的。触觉感知的加入可以增强产品的互动性,进一步加深用户对产品的认知,丰富用户的视觉感官体验。

触摸可以将事物的特征信息转化为直观的图像,这在产品设计中非常重要。触觉的感官表达在产品设计中主要涉及两个方面:产品形态和产品材质。它包含了形状与状态、比例、大小、层次关系等诸多要素。不同的形状会造成不同的用户体验。以手机为例。大多数智能手机的轮廓边框设计,从几年前的直角边框演变到如今的圆形边框。然而在2020年,苹果发布的iPhone12恢复了直边框的设计，引起了很多消费者的不满。直边框的触觉体验差是不满的原因，反映了用户对触觉体验的重视。

触觉表达在产品中最直接的体现就是产品材质的触感所带来的体验。触觉体验分为真实触觉体验和虚幻触觉体验。真正的触觉体验是人们实际接触产品后获得的体验。金属的冰冷，羽绒的柔软，玻璃的光滑，都是通过直接接触得到的真实触觉体验。非真实触觉体验是视觉触觉体验，与真实触觉体验是对立统一的。它是视觉感知后产生的触觉感受，是感官协同作用的结果，是直接接触体验和抽象的体验反应。如前所述，看到木头有一种自然、温暖和粗糙的感觉；看到金属制品冰冷、理性、现代；当你看到这块布时，你会感到温暖。在产品设计中，触觉感官体验和视觉感官体验相辅相成，可以增强产品的表现力。

3. 多感官体验的感官组合表达

感官的组合表达强调感官之间的相互交流，通过感官的叠加，既吸引了观众的注意力，又增加了人与产品的互动，从而实现了人的情感诉求。目前，这一概念广泛应用于包装、产品、广告设计的各个领域，根据不同的组合方式可以进一步细分为三种类型：视觉、听觉、触觉的组合表达；视觉、触觉和嗅觉的感官组合表达；视觉、听觉、味觉、嗅觉和触觉的感官组合表达。

（1）视觉、听觉、触觉的感官组合表达

视觉、听觉、触觉的感官组合表达主要是以材质本身的质感或产品质感结合声音元素打造产品，如emoi智能情感音响灯，将音乐灯光合二为一，利用硅胶灯罩赋予产品柔和的触感，轻轻敲击灯罩即可开灯，给消费者一种新奇的使用体验感，加强产品与消费者之间的情感交流；比如这款由设计师Namik Yigitlldas设计的立体音响，似乎越来越温暖，舒缓了现代生活中压力巨大的上班族。

（2）视觉、触觉、嗅觉的感官组合表达

视觉、触觉、味觉和嗅觉的感官组合表达设计大多出现在包装设计领域。比如设计师Nobuzawa设计的"Juice Peel"系列饮料盒，模仿香蕉、新西兰水果等形状和质地，从视觉、触觉和感官的角度调动消费者的味觉和嗅觉体验，同时能够促使消费者联想到相应饮料的味道，与产品形成交流和互动，在这种互动环境中产生愉悦的情绪。再比如Tony Moly魔法森林护手霜，指的是以桃子、甜橙、苹果的外观作为产品的包装造型，将自然柔和的曲线与水果的形状完美融合，根据不同的水果形状使用不同口味的香料，让人闻到新鲜的水果香味，引起消费者近距离体验护手霜的冲动，从视觉、触觉、味觉、嗅觉、感官相结合的角度出发，开发护手霜的包装形式设计。

（3）视觉、听觉、味觉、嗅觉和触觉的感官组合表达

目前，将所有感官元素融合在某一产品中的案例相对较少，但也有一些成功的案例，比如广告行业中德芙巧克力广告《丝滑篇》。该广告集视觉、听觉、味觉、触觉等多种感官元素于一体，以动态视觉呈现巧克力丝滑的触感和美妙的味觉感受，同时穿插音乐、广告语言等听觉元素，形成真正生动、吸引观众的广告场景。比如这款由深泽直人为无印良品设计的CD播放器，在视觉上非常类似于呼吸机，在使用过程中可以唤起人们的触觉、嗅觉和听觉。轻柔的音乐，让消费者感觉仿佛风在轻轻扫过自己的肌肤，充分唤起自己深刻的情感记忆，一个令人惊喜的产品体验过程就此完成。

4. 多感官体验的设计原则

（1）感官要素要选择得当

在相关设计中，感官元素的使用需要合理选择，不能盲目、无休止地使用。这一方面是因为人的感性能量有限，过多感官元素的叠加容易造成感官疲劳；另一方面，多感官概念的表达依赖于各种物质媒介，因此要结合可持续发展的设计理念，进行合理的设计，避免浪费资源。只

有通过恰当地选择和合理地运用，才能突出设计的鲜明特色，形成独特的视觉形象。

（2）主次感官要素要有序

人类通过感官渠道接收信息之间存在一定的主次关系，需要在相关设计中合理安排各种感官元素。现代生理心理学研究表明，近80%的信息是通过眼睛获得的，其次是听觉和触觉，最后是嗅觉和味觉。因此，视觉感官元素在传统产品的相关设计中受到了广泛的关注。但近年来，人们逐渐意识到，听觉、嗅觉等其他感官刺激与视觉刺激具有同样突出的识别性，甚至更容易被消费者记住。被称为"世界品牌预测者"的马丁·林德斯特罗姆指出，在人类感知功能中嗅觉功能占45%，听觉占41%，味觉占31%，触觉占25%，视力占58%，这些功能在购买决策中起着重要作用。因此，在相关设计应用中，可以重点关注视觉感官元素的应用，但也要注意其他感官元素的应用。

（3）感觉要素要组合、互通

人的感知系统会时不时地接收各种信息，以及图像、纹理、声音、气味等元素。每个感知系统接收到的信息，我们不会简单地认为它们是独立的、不相关的。我们的感知系统会将它们整合起来，形成整体连贯的认知，从而创造出立体的多感官体验。因此，要从整体高度进行研究，整合视觉、听觉、触觉、嗅觉、味觉五大感觉器官的表达，调动目标群体的情感诉求，相互共鸣，使观众对作品有多元化的理解，实现准确的信息传递。利用感官元素的特性，可以使观众获得全面的感受，更好地实现传播效果，获得1+1>2的效果。值得注意的是，由于成本、环境等因素的影响，在设计过程中并不需要将所有的感官元素都应用到同一个设计中，从而保证感官系统之间的共同交互。

（4）感官元素要与设计形象相结合

设计中要表达的形象不是一个实体概念，在表达方式上有很多可能性，感官的运用就是其中之一。感官可以传达不同的产品形象，但只有借助一定的边界质量才能实现。因此，我们需要找到最能代表产品形象的感官元素，并将其与产品结合起来进行具体展示。

二、多元感官体验理念下桃花坞木版年画文化创意产品的研发

（一）苏州桃花坞木版年画文化创意产品开发条件

1. 地理位置优势

苏州地理位置优越。东临大海，北靠长江，西临太湖，京杭运河、元和塘、娄江、吴淞河等河流穿境而过，形成了汤浦纵横交错、区域良好的水网格局。苏州古城位于其中，许多湖泊像水晶宝石一样镶嵌在城市周围。京沪铁路—沪宁高速公路东西交叉，位于312、204、318国道交汇处。有直达上海浦东和虹桥机场的高铁。还有张家港、常熟、太仓三个国家一级长江港口。这种优越的区位环境为桃花坞木版年画的设计开发奠定了物质基础，为他们参与市场竞争、获得客户提供了良好的机会。

2. 社会和经济基础

苏州作为中国乡镇企业的发祥地之一，深受上海经济辐射的影响，改革开放后发展迅速。调查显示，2015年苏州实现地区生产总值1.45万亿元，超过南京（8011亿元）和无锡（8070亿元），位居江苏城市GDP第一。按可比价格计算，苏州经济比上年增长7.5%；旅游总收入达到1885亿元，同比增长11%；实现规模以上工业企业总产值3.05万亿元；新兴产业产值增长2.2%，占规模以上工业企业总产值的48.7%；服务业快速发展，实现增加值7170亿元，增长9%，占地区生产总值的49.5%，形成"321"产业发展格局；文化产业主营业务收入达到4100亿元，同比增长15%。文化创意产品的早期开发离不开大量的资金投入。苏州雄厚的经济实力可以支撑桃花坞木版年画文化创意产品的设计研究。此外，由于苏州正处于工业经济向旅游经济转型的阶段，这种新的经济形态必然呼唤年画和文化产品的出现。

3.历史和文化价值

历史文化价值是传统手工艺桃花坞木版年画最重要的组成部分。桃花坞木版年画起源于明末清初,至今已有百年历史。与昆曲、评弹、碧螺春、采芝斋乃至苏州粉墙黛瓦的建筑一起,构成了可供观赏的吴文化资源。它们具有浓郁的江南文化特色、深厚的历史底蕴和广阔的发展前景。桃花坞木版年画的历史文化价值主要体现在年画的题材、造型和装饰图案上。文创产品作为桃花坞木版年画与消费者之间的沟通桥梁,能够更好地将二者连接起来,将桃花坞木版年画的传统手工艺推向人们的日常生活,帮助消费者通过产品的物质属性和外观功能,实现桃花坞木版年画更深层次的文化魅力,更好地传承年画的历史文化价值。

(二)多感官体验理念融入桃花坞木版年画的优势及创意产品

多感官体验概念是突破单一视觉感官表现形式,将视觉、听觉、触觉、味觉、嗅觉等感官形式结合起来设计开发产品的概念。将其融入桃花坞木版年画创意产品的设计中,可以拓宽和深化桃花坞木版年画创意产品的发展广度和深度,从而促进桃花坞木版年画创意产品市场的发展,以经济效益推动桃花坞木版年画产业的发展,实现桃花坞木版年画传统手工艺的可持续传承和发展。

1.提高桃花坞木版年画、文化创意产品的发展水平

根据此前对桃花坞木版年画现状的调查,可以发现市面上桃花坞木版年画文化创意产品的设计相似性严重,相互抄袭的情况屡见不鲜。在设计之初,这些产品缺乏对消费者需求的考虑,试图通过复制来实现经济效益的最大化。它们既没有功能性,也没有美观性,无法给消费者带来独特而难忘的体验。在体验经济时代,只有满足人们体验需求的产品才能被消费者认可和喜爱。因此,融合多感官体验设计理念是文创产品设计的发展趋势。要求桃花坞木版年画从视觉、味觉、听觉、嗅觉、触觉等方面全面发展。并利用感官组合的方式,提升年画文化创意产品所蕴含的感官类型,赋予产品互动性和体验性,让人们从中体验新奇和快乐,从而留下美好的

回忆，增强消费者与产品的沟通，实现多感官体验价值商业的最大化，最终推动产品获得更大的市场份额。

2. 实现桃花坞木版年画传统手工艺的可持续发展

随着经济的发展和生活质量的提高，人们的消费需求也在发生变化。从最初接触产品的使用功能到更加注重愉悦的消费体验，越来越注重情感和精神层面的需求。多感官体验理念强调从视觉、听觉、触觉、嗅觉、味觉等多种感官渠道全方位设计开发桃花坞木版年画，改变了目前开发模式单一的现状，能有效提高年画文化创作产品的经济效益。通过经济社会的发展，年画可以得到全方位的设计和开发，比如在世界文化遗产颐和园首次推广的20多种文化创意产品，短短半个月就卖出了8000多件，产生了25万元的利润，然后将这一收入用于产品研发和设计，多次推动了颐和园文化创意产业的发展。

3. 形成以桃花坞木版年画为中心的产业发展格局

多感官体验理念的融合，既能加强消费者对桃花坞木版年画所蕴含的历史文化价值的理解和记忆，又能使年画的创意产品与消费者形成良好的情感互动，让消费者感到愉悦。还可以促进桃花坞木版年画与苏州其他特色手工艺品的深度结合，全方位、多层次地开发设计桃花坞木版年画系列产品，有利于树立桃花坞木版年画的品牌形象，形成以年画为中心的文化创意产业发展格局，最终带动整个苏州经济的发展。

（三）其他地区年画、文化创意产品典型案例分析

1. 天津杨柳青年画文创产品

杨柳青位于天津西部，大运河与大清河交汇处。它风景优美，被称为"小苏杭"。杨柳青年画的印画结合独具特色，被誉为"中国四大年画之首"。巅峰时期曾出口东北、华北、西北等地，每年可销售2000多万册。随着社会的快速发展，单一形式的年画已经不能满足人们多样化的生活需求。在这种新形势下，天津市杨柳青绘画学会成立了年画产业发展部，以传统和现代的技术手法赋予传统木版年画新的时代特征。据统计，杨柳青

已开发出内画壶、瓷瓶、折扇、拼图、剪纸、手机链、金属书签等新产品200余件,其中年画画册、年画内画壶、娃娃玻璃挂件等获得多项全国工艺美术创新产品设计奖,促进了天津文化产业的繁荣。

与其他地区的木版年画产业相比,杨柳青木版年画发展更为全面。在举办一系列文化创意产品设计大赛的过程中,杨柳青木刻逐渐突破了传统单一的视觉感官表达,逐渐转向综合视觉、触觉等感官体验的设计与开发。以2013年杨柳青年画衍生文化创意设计大赛中的两个作品《连年有余》和《杨柳青年画的形象包装设计》为例。《连年有余》产品被镂空雕刻赋予了轻盈感,人们忍不住伸出手,近距离体验。这是传统年画从触觉表达上的一种创新。《杨柳青年画的形象包装设计》首先从视觉层面对传统年画进行创新,美的造型源于年画但在造型和配色上有所变化,更符合现代人的审美。

2. 山东杨家埠年画文化创意产品

位于潍坊市东北30里的杨家埠,自古以来就盛产木版年画,以其浓郁的乡土气息和古朴鲜明的艺术风格,成为民间艺术的奇葩。为了更好地保护这一文化遗产,潍坊市成立了杨家埠木版年画社和杨家埠木版年画研究院,从事年画的收藏、整理、绘制和统一品牌设计包装,以促进年画产业的发展。作品《小小杨家埠木版年画》简化了制作杨家埠木版年画的工具的造型语言,设计的衍生品可以鼓励游客亲身体验年画的过程,实现过程中视觉与触觉的感官组合体验。这种参与引发的感官体验可以增强人们对年画制作过程的认知,从长远来看,有利于杨家埠木版年画传统手工艺的传承和发展。因此,在桃花坞木版年画文化创意产品的设计中,可以借鉴杨家埠年画以参与式的方式调动消费者各种感官体验的设计开发方法,满足消费者的心理需求,加强二者之间的情感联系。

3. 四川绵竹年画文创产品

位于四川盆地西北边缘的绵竹市盛产竹子,其中最为著名的绵竹是造纸的好材料,这为绵竹木版年画的诞生提供了先天条件。早在2002年,绵竹市政府就意识到传承独具巴蜀特色的传统手工艺的重要性，将农历腊月二十三日至次年正月十五日定为绵竹年节，并同时举办多种形式的新年展览。如今，已形成年画产业带——北起九顶山麓遵道镇年画传习所，南到孝德镇"年画村"，以"三馆三中心"的绵竹年画迎来了蓬勃的新生，2002年不足30万元的销售额增长到2010年的3000多万元。从最初的3家年画作坊到4家公司、26家个体作坊，从业人员从10人增长到800多人。

在年画产业带的引领下，绵竹年画产品开始了新材料与新技术相结合的设计尝试，从而突破视觉感官单一的发展模式，通过融合视觉、听觉、触觉、味觉、嗅觉等多种感官，为消费者带来更多新奇的体验，从而增强年画文化创意产品对消费者的吸引力。以皮革雕刻年画为例，利用旋转雕刻刀和印刷工具对皮革进行刻画、敲击、推拉和挤压，从而创造出一系列深浅不一、立体凹凸造型的年画。与使用宣纸进行图形表达的纸基年画相比，皮雕年画从触觉感官体验的角度创新了传统年画的设计，从而开拓了现有年画文化创意产品的市场。

4. 年画文化创意产品案例总结与分析

通过对其他三个地区年画文化创意产品设计案例的分析可以发现，四川杨柳青年画、杨家埠年画、绵竹年画都开始尝试突破桃花坞木版年画传统单一的视觉感官体验模式，通过融合触觉等其他感官方式，强调人与年画的互动。其中，杨家埠木版年画创造性地运用设计，调动消费者亲身参与年画制作的积极性，在体验中增强对年画制作过程的理解，为木版年画传统制作工艺的传承和发展贡献力量。但我们也可以发现，无论是杨柳青年画、杨家埠年画还是四川绵竹年画，目前感官体验的发展程度还不够深，也没有集视觉、触觉、听觉、味觉、嗅觉于一体的年画创意产品。在设计开发桃花坞木版年画相关产品时，既要借鉴他们通过参与年画制作过程的体验，突破视觉感官体验层面，提升消费者对年画工艺的理解的设计方法，也要探索和补充年画文化创意产品未涉及视觉、听觉、味觉、嗅觉与感官相结合的体验水平，从而为其他地区传统年画等类型传统手工艺的发展提供借鉴。

（四）桃花坞木版年画及创意产品的多感官体验设计策略

在过去，由于生产力低下，人们需要借助年画来表达对自然的敬畏。然而，随着时代的发展，人们的审美视角和购物动机都发生了变化。桃花坞木版年画需要与时俱进，注重市场导向，开发真正符合消费者需求的产品。鉴于人类对事物感知的多感官、多维度特征，在此将多感官体验设计理念融入桃花坞木版年画文化创意产品的研究中，突破目前年画文化创意产品只注重视觉感官设计的发展模式，结合视觉、听觉、触觉、味觉、嗅觉等多种感官，对桃花坞木版年画进行全方位、多层次的设计开发，以改善年画文化创意产品市场的同质化现状。增强桃花坞木版年画文化创意产品对消费者的吸引力，激发他们与消费者之间的情感交流和互动，让大众真正了解和喜爱这一传统手工艺，促进桃花坞木版年画的可持续传承和发展，有助于树立桃花坞木版年画文化创意产品的品牌形象，有助于形成以桃花坞木版年画为中心的产业发展格局。

此外，设计师需要对桃花坞木版年画艺术进行探索和领悟，在结合现代美学和个人风格的基础上，设计出具有桃花坞木版年画魅力的相关产品。这种处理方式符合时代精神，符合现代消费者的生活方式和价值取向。

1. 视觉感官体验的设计策略

视觉过程是人们日常生活中最直接、最精致的体验，所以视觉效果是产品能够吸引眼球的首要因素。对于桃花坞木版年画的文化创意产品，视觉感官的表达主要通过产品的色彩、造型、图案来实现，文化创意产品的设计开发则是通过象征桃花坞木版年画的视觉形象来进行的。阿恩海姆认为，人眼在认知范围内倾向于将刺激形式简化为最简单的形式，因此具有视觉感官体验的桃花坞木版年画文化创意产品的设计应注重造型的简约性及色彩、图案和造型元素的一致性。其中造型的简约主要取决于桃花坞木版年画元素的简化提取，色彩和图案的一致性主要取决于桃花坞木版年画色彩和图案的后续应用，同时需要保证年画所传达的情感属性与文创产品所表达的情感属性一致。

2.听觉感官体验的设计策略

听觉传播速度快，可以帮助人们准确描述和判断事物的特征，最终完成认知功能，因此具有更强的感染力。有数据显示，85%的人对外部环境的感知来自视觉，10%来自听觉，因此结合听觉感官体验的年画文化创意产品也有很大的发展优势。结合声音的两种播放形式，将听觉感官体验下的桃花坞木版年画创意产品分为声音外型和声音内型两种类型。前者是指结合音响设备的年画创意产品，后者是指让年画创意产品接受一定的声音并做出相应的反应。

（1）声音外放型年画文创产品

声音外放型年画文创产品类型可以根据具体的产品特点来确定。设计从发声的角度着眼于桃花坞木版年画文化创意产品的设计开发，从听觉的角度拓宽桃花坞木版年画的发展形态。发声产品需要考虑产品发声的方式，具体是产品本身是否具备发声的条件或者是否需要外部添加或者触发。外部添加意味着产品自带声音播放设备。正因如此，我们可以考虑桃花坞木版年画卖歌的独特声音符号。触发器是利用特殊的材料或结构使产品发声，在产品碰撞过程中创造或增强声音，给人以愉悦的听觉享受。比如惠州一个叫"高山流水"的产品，形状像一个两段式的竹筒。当地人往一段里倒水，另一段是空的，竹筒中间有小孔。当你拿起竹筒时，你可以听到滴水的声音，这向用户传达了皖南村庄的宁静感。再比如奥运用拨浪鼓系列的设计，以古老的汉族传统乐器和玩具拨浪鼓为载体，结合2008年北京奥运会吉祥物福娃，从听觉的角度进行创新设计，既诠释了"北京欢迎你"的主题，又弘扬了中国传统艺术文化的精髓。

（2）声音输入型年画和创意产品

从声音流入的方式来考虑桃花坞木版年画创意产品的设计，主要是语音控制技术的应用，因此可以考虑将声音作为年画创意产品的开启方式。我们可以借鉴日本万代公司生产的声控娃娃玩具。作为一款可以减压治愈的娱乐产品，主要针对日常生活压力大的上班族。它的设计亮点是可以根据人的声音点头或摇头，为人们营造幽默轻松的体验氛围，形成产品与人之间的情感交流。如果能将这种设计思路运用到桃花坞木版年画的听觉感官开发中，相信可以有效提升年画文化创意产品对消费者的吸引力。

3. 触觉感官体验的设计策略

如果说旧的产品创意是以视觉元素的整合为中心，那么未来产品设计创意的发展方向就必须重视触觉、重量和温度等生理器官与产品之间的互动。这一观点深刻说明了触觉对未来产品设计的重要性。触摸作为与外界物体零距离接触后的一种体验，可以将物体的纹理、质感等信息传递给大脑，使人对产品的感知更加细腻、完整，因而具有不可替代的真实感。在现实生活中，一些触觉可以通过视觉感知，而另一些只能通过触摸来检测。后者主要针对部分视力障碍人群。在日常生活用品的设计中，触觉的表达与视觉密切相关。因此，对于桃花坞木版年画的触觉表达，主要研究视觉导向的触觉年画设计。

视觉引导的触觉创意产品是一种抽象的符号，它依赖于以往的生活经验，经过编辑和转换成为一种视觉信息，也就是我们通常所说的视觉质感。文创产品在应用视觉肌理后，比平时更能吸引人们的注意力，引导人们积极感受和理解产品，调动受众的积极性，从而达到情感交流的目的。比如故宫文化创意团队设计的便利贴纸，从视觉层面高度还原了红木的质感，看着似乎能感受到木材特有的温暖和光滑。又如中国台湾地区文创的产品朱富，将碎瓷与竹编工艺完美结合。从质感上看，竹编的粗糙与陶瓷的细腻形成了鲜明的对比，不仅对消费者产生了强烈的视觉冲击，而且吸引他们自己感受，增强了他们对传统竹编工艺的认知和理解，在一定程度上达到了宣传传统竹编工艺的目的。

可见，我们可以从材质和质感两个方面来表达和思考有视觉引导的触觉年画和创意产品的设计。从材质上看，年画文化创意产品的设计更应该注重桃花坞木版年画雕刻过程中所使用的枣、梨木材质，而不是年画印刷过程中所使用的宣纸材质。这与宣纸材料的设计局限性有关，在产品设计中很难与其他材料相结合，材料的选择也必须能够满足产品本身的使用功能。从肌理的角度来看，可以将桃花坞木版年画凹凸不平的表面进行肌理变换，应用到年画创意产品的设计中。这种真实的质感不仅能让消费者想起年画的雕刻过程，还能进一步引导人们深入体验年画的印刷，在推广传统手工艺的同时，促进人与年画的情感交流。

4. 味觉、嗅觉和感官体验的设计策略

结合味觉、嗅觉和感官来探讨桃花坞木版年画创意产品的设计，因为这两种感官是密不可分的。当人们闻到某种气味时，往往会有味觉联想。相反，当他们品尝某种产品时，他们也会闻到相应的气味。研究表明，人们对一年前气味的回忆准确率约为65%，但如果看到三个月前的东西，视觉上只能回忆5%。由此可见，从味觉、嗅觉、感官角度开发桃花坞木版年画文化创意产品，可以更好地建立受众与产品之间的联系。

（1）视觉导向的年味、气味年画，文化创意产品形式

文创产品年画中的视觉、味觉和嗅觉是味觉和嗅觉的间接表达。其原理是在原有的基础上创新和丰富文创产品的视觉形式，与记忆中味觉和嗅觉的形象相吻合，从而产生相应的感官联想。这方面可以参考苏州博物馆介绍的文物饼干。它的灵感来源于苏州博物馆的珍品——秘瓷莲花碗。饼干采用绿色抹茶风味，表面的莲花形状与五代秘瓷莲花碗相似，深受游客喜爱。在这个过程中，也增加了大众对秘瓷莲花碗的了解。巧合的是，四川广汉三星堆博物馆后来在官方博客上曝光了以三千年前古蜀面具为原型的文物饼干。陕西历史博物馆推出了一系列文物饼干，灵感来源于西汉皇后的印章和玉玺、汉代长乐的未央瓦当、唐代的开元通宝货币、舞马衔杯银壶。

苏式糕点作为中国汉族糕点的主要类型之一，在中国汉族糕点发展史上有着重要的影响。它萌芽于春秋时期，发源于隋唐，形成于宋代，发展于明清。以苏式月饼、猪油年糕为代表，早已融入苏州人的生活，成为

苏州文化不可或缺的一部分。在桃花坞木版年画文化创意产品的相关开发中，可以借鉴文物饼干的文化创意产品做法，结合现代设计手法，将桃花坞木版年画的风格主题和装饰图案融入苏州式糕点设计中，让人们在享受美食的同时，更多地了解桃花坞木版年画的相关内容，达到提高桃花坞木版年画市场认知度的目的。

（2）有气味和气味结合芳香材料的年画

与前者相比，在桃花坞木版年画的文化创意产品中加入芳香元素，是味觉和嗅觉的直接表达。这种开发方式希望利用一种特殊的气味，产生良好的使用体验感，并给人留下深刻的印象，让消费者在下次闻到类似气味时，迅速联想到之前见过的桃花坞木版年画的文化创意产品。芳香元素一般分为两类：天然芳香元素和合成芳香元素。天然的芳香元素可以从苏州地域文化中提取出来，比如苏州桂花的香气，而人工合成的芳香元素通常指的是加工过的气味，比如香味等。

在桃花坞木版年画的产品设计中，可以根据消费者的特点选择合适的芳香材料，从味觉、嗅觉和感官的角度，促使其有良好的体验感。例如，三潭印月香薰提取了杭州的特色地域符号——三潭印月石塔，将视觉美与味觉、嗅觉联系起来。点燃香薰，让人感觉仿佛在烟霞中看到了西湖的美景，身心愉悦。再比如南音系列香套的设计。福建南音被誉为音乐文化的活化石。本系列以南音演奏中使用的琵琶、二弦、东晓、三弦等浓缩乐器为基础，分别用于烧香、串香、塔香、粉香。它巧妙地将造型特征与嗅觉和嗅觉融为一体。香的优雅味道就像被乐器演奏一样，持续时间长，令人回味无穷。

5. 感官组合体验设计策略

人类的五官没有一个是独立存在的。五感相互依存，相互作用，往往是由一种感觉刺激触发，进而触发另一种或多种感觉。与之前特定的感官体验设计方法相比，感官组合体验设计方法指导下的年画创意产品能够显著增加消费者对产品的关注度，与产品形成良好的互动，既满足了消费者高层次的情感需求，也有助于加深人们对桃花坞木版年画的理解。从这个意义上说，感官组合体现了概念。

在感官组合体验下的年画创意产品设计中，结合感官组合体验理念的相关设计案例和原则，提出三种主要的感官组合类型，对桃花坞木版年画创意产品的发展进行深入研究：视觉、听觉、触觉的感官组合；视觉、触觉和嗅觉的感官组合；视觉、听觉、味觉、嗅觉和触觉的感官结合，为后续设计实践提供理论指导。

第三节　基于用户体验蜂巢模型的公共图书馆文创产品开发模式

近年来，我国高度重视文化产业发展，积极推动与之相关的创意产业，并将其有机结合。公共图书馆作为公益性文化服务机构，有责任传承和发展中华优秀传统文化。公共图书馆应成为文化创意服务的有效平台。国务院办公厅转发文化和旅游部等四部门《关于促进文物单位文化创意产品开发的若干意见》，提出在图书馆开展文化创意产品开发试点工作。公共图书馆试点单位文化创意产品开发工作逐步开展，国家图书馆、南京图书馆、广东省中山图书馆开展的文化创意工作取得一定成效。

目前，我国图书馆文化创意产品的内容研究大致可分为以下几个方面。

第一，图书馆文化创意产品的理论研究。

莫晓霞分析了图书馆文化创意产品开发的现状及应注意的问题。赵晓红阐述了图书馆文化创意产品开发的概念、特点及存在的问题，并对发展提出了一些意见和建议。

第二，图书馆开发文化创意产品的战略研究。

例如，田利从馆藏资源开发、商业模式创新、图书馆制造者空间服务、智库服务、国家文化创意工作平台搭建等方面提出了图书馆发展的创新策略。袁红军在"互联网+"背景下提出了以用户思维为导向提升文化创意产品水平,以市场为导向参与文化创意产品等策略。

第三,图书馆开发设计研究。

武吉虹研究了图书馆文化创意产品的开发,提出图书馆文化创意产品的开发应坚持需求导向、人文效应、品牌导向、精品战略等方向,遵循社会效益优先、创意核心、产权保护和体验为主的原则。

第四,借鉴国外图书馆文化创意产品的发展。

例如,柯平、张雅琪、张晓娟等研究过美国或欧洲图书馆文化和创意产品的开发。

第五,图书馆文化创意产品开发模式研究。

郭慧玲构建了用户创新驱动的图书馆文化创意产品发展模式。

图书馆在我国公共文化服务中发挥着重要作用,是社会文化创造和传承的中介。随着网络技术的发展和人们精神文化消费需求的增加,公共图书馆的文化创意产品也逐渐变得富有创意,以满足用户的多样化需求。

一、用户体验蜂巢模型

Morville设计的蜂巢模型是目前各领域最受认可的用户体验模型。用户体验蜂巢模型以"价值"的实现为核心追求,由有用性、可用性、可发现性、可信性、可及性、满足度六大要素组成,科学地展现了功能需求之外的更多用户体验需求。

二、公共图书馆文化创意产品开发模式的现状

公共图书馆是公益性组织,大多很少开展经济活动。目前,中国图书馆文化创意产品的开发模式主要有以下几种。

1. 自主开发

自我发展是指公共图书馆作为法人，以自负盈亏的方式独立运作。公共图书馆根据馆藏资源，组织工作人员自行设计、生产、销售文化创意产品，图书馆承担自身风险和收益。

2. 合作开发

公共图书馆是公益性单位，在文化创意产品的设计和营销方面存在劣势。为了弥补这一不足，公共图书馆可以与其他单位合作开发文化创意产品。合作开发是指合作方根据合作协议共同开发公共图书馆的馆藏资源，共同承担风险和收益。合作一般有两种情况：一种是图书馆有自己的设计团队，利用馆藏资源、图书馆精神、图书馆周边文化、图书馆文化品牌设计文化创意产品，由委托合作方生产，最后图书馆完成营销推广。在这种情况下，图书馆的参与度较高，但存在专业创意产品开发人才缺乏的问题，使得公共图书馆难以自主开发文化创意产品。另一种是公共图书馆委托研发，图书馆靠自己的努力无法完成文化创意产品的研究与开发，委托社会力量进行图书馆的研究开发和生产，最终由图书馆出售。这种情况参与度低，图书馆无法掌握文化创意产品的设计理念，文化创意产品无法充分体现图书馆精神。合作公司要想利益最大化，一定程度上会忽视文化创意产品的社会福利。虽然这种方法可以降低图书馆承担的成本和销售风险，但如果产品定位不准确，会对图书馆服务产生负面影响。

3. 选择代工和公开市场采购

代工和公开市场采购多用于图书馆举办大型纪念活动或举办一定庆典，需要大量发放图书馆纪念品。该图书馆将馆藏资源中包含的文化元素与市场上销售的产品相结合，选择原始设备制造商，定量生产，并在活动期间分发。该方法具有节约成本、宣传效果好的特点。

4. 授权开发

版权授权是指图书馆以版权许可或版权转让的形式，委托社会力量利用馆藏资源开发文化创意产品，并收取相应的版税。

公共图书馆根据图书馆的历史价值、文化价值、图书馆精神和现实意义开发文化创意产品，有利于用户了解图书馆资源和图书馆精神等。仅仅依靠第三方的授权很难体现图书馆资源的文化价值、内涵和图书馆精神。

三、基于用户体验蜂巢模型的公共图书馆文化创意产品开发模式

公共图书馆文化创意产品是基于图书馆资源和文化研发的文化创意产品。它们与某些民族和地区的文化背景有关，源于个人的才能、灵感和智慧，通过工业化生产、营销和消费，能够满足人们的精神需求和欲望。随着社会的进步和各种技术的发展，特别是互联网技术和多媒体技术的广泛应用，用户对公共图书馆文化创意产品的需求变得多样化。随着以用户为中心发展理念的逐步渗透，公共图书馆服务的内容、形式和服务团队应更贴近公众的多样化需求。基于此，构建了基于用户体验蜂巢模型的公共图书馆文化创意产品开发模型。

文化创意产品是公共图书馆的增值服务，文化创意产品需要满足公众的需求。因此，基于用户体验蜂巢模式的公共图书馆文化创意产品开发模式，必须以产品的"价值"为核心，以有用性、可用性、可发现性、可信性、可及性、满意度六大要素科学表达用户需求。

1. 有用性水平

公共图书馆是我国公共文化服务体系的重要组成部分，也是文化创意产业链中的重要一环。作为一个应该在传承和弘扬中华优秀传统文化中发挥重要作用的公共文化机构，其公益性不容动摇。因此，文化创意产品的开发要把社会效益放在首位，公共图书馆开发的文化创意产品必须具有文化价值，展现深厚的文化内涵。

2. 可用性级别

公共图书馆文化创意产品开发前期，要进行市场调查和用户走访，了

解人均消费金额、当前消费结构、用户阅读、生活、爱好等需求，分析用户主要需求，有针对性地开发文化创意产品，注重文化创意与文化创意产品实用价值的结合，使公共图书馆开发的文化创意产品能够被用户有效利用。

3. 可发现性水平

公共图书馆在文化资源方面有很大的优势。他们不仅拥有非常丰富的收藏资源，而且有着优雅而浓郁的文化氛围。将图书馆馆藏资源开发成时代产品，是对文化的诠释和传承。因此，公共图书馆的文化创意产品必须有来源，用户可以根据文化创意产品找到背后的馆藏资源。

4. 无障碍等级

公共图书馆在设计文化创意产品时，应考虑用户生理条件和认知能力的差异。同时，文化创意产品的设计要有无障碍设计的理念，让用户轻松获取文化创意产品所蕴含的文化信息。

5. 可信度

公共图书馆文化创意产品的著作权问题将极大地影响文化创意产品的发展，这与文献资源的开放性、生成性和共享性等特点有关。许多文件的所有权不清楚。针对这类问题，可以采用合同细化的方式明确著作权的归属，从而保护各方利益。

6. 个性化

由于对文化创意产品前期研究不足，很多图书馆的文化创意产品雷同，产品类别单一，没有创新性和新颖性，导致图书馆自身风格缺失。公共图书馆应转变思维，增强文化创意产品的创新性和新颖性。开发的文化创意产品可以表达不同用户的情感，宣传用户的个性，邀请用户一起参与文化创意开发，通过用户自己独特的设计，让文化创意产品独树一帜，从而满足用户多样化的需求，展现文化创意产品的魅力。

四、基于用户体验蜂巢模型的公共图书馆文化创意产品开发模式实现路径

目前,我国公共图书馆的文化创意产品大多存在产品定位不清、前期研究不足、缺乏创新思路、盲目跟进、产品雷同、无法体现图书馆文化底蕴和图书馆精神、时代特征淡薄、与用户产生隔阂等问题。因此,提出以下模式。

1. 创新理念——以用户为中心

目前公共图书馆文化创意产品的开发模式主要是由图书馆主导,由馆员根据馆藏资源自行设计产品或根据用户需求预测进行研发。新时代,人们的消费需求发生了变化,追求高层次的精神需求。图书馆文化创意产品市场中心的消费者对文化创意产品也有着更高层次的追求和认知,不仅追求具有欣赏价值和实用价值的产品,更热衷于精神上的自我体验。公共图书馆应坚持"顾客至上"的服务理念,将创新思维、用户需求与图书馆资源相结合,开发满足用户多样化需求的文化创意产品。

2. 创新机制——多元化营销模式

为满足用户多样化的需求,公共图书馆应更新自身软硬件设备,加强创意设计和营销,将公共图书馆文化创意产品收入用于图书馆建设。当前,图书馆行业应该思考如何吸引更多用户关注文化创意产品,购买文化创意产品,如何多渠道宣传文化创意产品。传统的公共图书馆文化创意产品营销模式较为简单,宣传推广少,且多在图书馆进行,限制了图书馆文化创意产品的市场份额。在"互联网+"环境下,图书馆应充分利用互联网、电商等平台,拓展营销模式,通过线上线下营销渠道,引导用户体验文化创意产品,从而拉近文化创意产品与用户的距离。

3. 队伍建设——专业技术人员

图书馆要加强创意设计,创新是产业发展的动力,创新是公共图书馆

文化创意产品开发的核心，文化创意产品的类型、文化创意服务内容和应用技术都需要创新。专业技术人员对文化创意产品的创新具有重要意义。目前，公共图书馆普遍存在专业创意产品开发人才缺乏的问题。图书馆应重视加强馆员营销观念和创造力的培养，聘请专业的艺术设计专家担任兼职导师，可以增强图书馆开发的文化创意产品的艺术性和实用性，更具审美价值。图书馆应建立专业人才培养机制，加强图书馆与其他科研机构的合作，更好地为用户服务。

4. 整合资源——反馈奖励机制

目前，公共图书馆为了加大文化创意产品的宣传力度，在保留自身行业特色的同时，整合资源，启动跨界合作。例如，图书馆与互联网、电子商务等行业合作，开发和销售文化创意产品。此外，图书馆应建立用户反馈机制，鼓励用户体验文化创意产品，并将产品体验反馈给图书馆。图书馆要根据用户反馈及时做出调整，推动文化创意产品更好地实现文化传播功能。

随着用户需求的多元化发展，公共图书馆文化创意产品的类型和开发模式也变得多样化，拓展了公共图书馆文化创意产品的营销渠道，扩大了产品的覆盖面，增加了公共图书馆服务的价值。然而，我国公共图书馆文化创意产品的开发模式仍面临诸多困难。公共图书馆需要认真分析政策导向，不断完善馆藏建设和队伍建设，深挖馆藏资源，利用多元化、创新性的文化创意产品，更好地满足广大人民群众对的文化的不断需求，提升图书馆服务能力。

第五章　基于用户体验的文创产品设计案例

第一节　博物馆文创产品案例

一、博物馆文化创意产品概述

博物馆文化创意产品的设计灵感主要来自藏品中的文化资源。因此，在开发文化创意产品时，首先要对博物馆的概念和功能有一定的了解，了解博物馆开发的目的，这样才能与其他文化创意产品有本质的区别，开发出具有博物馆特色的文化创意产品，延伸博物馆文化。

（一）博物馆的功能

博物馆的基本功能可以分为三个方面：收藏、研究和教育。收藏最初指的是收藏和保存，可分为国家收藏和民间收藏，其中博物馆作为国家机构，用于收藏国家历史文物。研究是探索文物的历史、内涵、艺术等价值，深入研究可以揭示馆藏文物的文化价值。教育以搜集和研究为基础。博物馆文化博大精深，其最大的价值在于高效地向公众传播历史的精华。过去，博物馆专注于搜集文物和研究文物，但随着博物馆向公众免费开放，游客数量日益增加。通过文物展览，历史和文化被传递给公众。人们在参观学习的同时，可以深刻感受历史文化氛围，加深艺术氛围的熏陶。因此，近年来，博物馆的主要功能逐渐趋向于延伸教育功能。

（二）博物馆文化和创意产品

近年来，随着社会的快速发展，消费观念也发生了变化，开始追求精神文化享受。文化创意产业的发展成为人们关注的焦点。人类学家弗朗兹·博厄斯（Franz Boas）说：一个国家的生活方式和风格的特征可以在他们生产的各种文化商品中表现出来。博物馆文化创意产品是凝聚和整合博物馆文化资源而开发的兼具文化性和创造性的产品。博物馆馆藏文物丰富，是优秀历史文化的结晶，为文创的开发设计提供了得天独厚的资源优势。文创产品作为博物馆文化的载体，传达了博物馆和藏品的文化和精神内涵，既延续了文物藏品的生命力，又提升了消费者的审美能力。博物馆文化创意产品的开发，不仅有利于提升博物馆自身文化的影响力，也给博物馆带来了不可低估的经济、文化和社会价值，为博物馆的发展提供了内生动力。博物馆与文化创意产品完美和谐，博物馆的文化资源为文化创意产品的开发提供设计灵感；创意产品可以通过宣传和销售促进博物馆文化的发展，成为推动博物馆创新发展的重要因素。

（三）博物馆文化创意产业的发展

在物质得到充分满足的时代，人们对精神层面的追求日益迫切，催生了文化创意产业的快速发展，成为21世纪最具发展前景的产业。文化创意产业的发展在一定程度上促进了社会经济的转型，使商业、文化、设计、艺术之间的关系更加紧密，各行业的渗透融合创造了显著的经济效益。随着文化创意产业的不断完善，博物馆顺应时代潮流，合理开发独特的文化创意产品。2016年5月15日，文化部、国家发展改革委、财政部、国家文物局联合发布《关于促进文化遗产单位文化创意产品发展的意见》（以下简称《意见》），该意见指出："地方政府要认真落实深入挖掘文物单位文化资源、发展文化创意产业、开发文化创意产品、弘扬中华优秀文化、传承中华文明、促进经济社会协调发展、增强国家软实力等措施。"目前，博物馆文化创意产品的开发已成为社会关注的焦点和博物馆界最热门的话题。

二、博物馆文化创意产品的分类

虽然近年来文化创意产业迎来了发展热潮，但我国文化创意产业仍处于发展初期，产品单一、同质化严重是我国大多数博物馆普遍存在的问题。随着社会的发展和科技的进步，深度融合现代设计理念的文化创意产品不断出现。因此，有必要对博物馆文化创意产品的类型进行分类。

（一）出版物

出版物是通过对博物馆藏品、研究成果及相关信息进行汇总、整理、编辑而成的出版物，包括书籍、画册、视频产品等。与普通书籍相比，博物馆出版物更具权威性，是博物馆教育的一部分。随着科技的进步，博物馆出版物不仅仅局限于纸质出版物，而是呈现多元化的发展趋势，从传统的纸质阅读向线上电子阅读转变。故宫博物院在官网有一个出版专栏。故宫出版社坚持"个性化出版、品牌化管理、市场化运作"的原则。通过在线阅读，可以更方便地传播和推广故宫的文化资源，有利于弘扬民族传统文化。

（二）藏品复制品

藏品复制品是指根据博物馆馆藏文物复制的复制品，有三个方面功能：认知功能、保护功能、教育功能。认知功能是指通过复制文物，打破了对原有文物只可远观不可亵玩的距离感，以复制品的形式，让更多的消费者拥有喜爱的文物藏品，从中学习不同时代的历史文明精华，升华文物价值。保护的功能是对于一些特定的藏品，如古代书画珍品，它是稀缺而独特的。因此，国内外许多博物馆大多采用精美高仿的产品来代替藏品，通过对珍品的综合修复和复制，向公众传达历史、文化和艺术内涵。教育的功能不仅存在于博物馆馆藏文物中，而且复制品可以陶冶性情，满足身心需求，传达文物的历史意义，具有积极的教育意义。

（三）艺术纪念品

艺术纪念品具有纪念意义。它们以实物的形式存在，可以长期保存。当消费者再次看到时，可以唤起消费者对博物馆的记忆，达到加深印象的效果。博物馆有大量独特的文化资源。通过从这些文化资源中提取最具代表性的元素和内涵，可以开发出具有自己特色的文化创意产品。比如杯子、摆件、手机壳、笔记本、帆布包等。设计相对精致小巧，便于携带。这种艺术纪念品的开发不仅可以自己收藏，也是馈赠亲友的最佳选择。它既有创造性又有创新性。既满足了消费者的需求，又提升了产品的文化价值。同时，有效地传播了博物馆藏品的文化内涵，增强了博物馆的影响力。

（四）体验产品

体验式产品是情感产品和物质产品的结合，侧重于文化创意产品与消费的关系或者多重互动。随着体验经济的到来，体验式产品被推到了前所未有的高度。然而，博物馆体验式文化创意产品的开发相对薄弱。近年来，博物馆开始更加注重提升体验产品。他们基于馆藏文物的文化意义，发展了个人的文化消费模式体验，将体验元素融入文化创意产品中。与其他文化创意产品相比，更具互动性和趣味性，让消费者真正感受到历史文化魅力。"1994年，中国科技馆与瑞士卢塞恩举办的中国古代科技展，开启了市民用毛笔在宣纸上写瑞士中文名字的服务，经济收入相当丰厚。"博物馆体验式产品的开发顺应时代潮流和群众精神需求，让消费者被动接受过去的历史文化，主动探索历史奥秘，有助于推动博物馆教育的本质飞跃，为博物馆教育增添无限活力。

三、基于用户体验的博物馆文创产品个性化定制APP设计

服务设计是后工业时代传统设计领域的新发展，是设计理念的全面实现。服务设计的本体属性是对人、物、行为、环境和社会之间关系的系统

设计。信息时代，文化创意与人的良好互动相结合的是新媒体，能够增强文化创作内容与人们日常生活的直接互动，使文化创作符合互联网的传播特性，在信息土壤中不断生长。随着国内文化经济的不断发展和繁荣，中国博物馆整体进入了新的发展时期，广泛的文化资源在博物馆文化创意产品的开发中发挥着越来越重要的作用。然而，目前国内大多数博物馆文化创意产品商业模式存在的问题，以及博物馆文化创意产品设计开发中存在问题的解决，是改变当前市场现状的根源。运用服务设计方法，通过创新或改进的手段，为博物馆消费者创造有用、易用、合意的创意服务和创意产品设计，创造良好的设计体验，传递更积极的设计服务价值。

（一）设计和开发的目的

近年来的研究表明，通过"互联网+"技术实现的定制化服务，在旅游、金融、交互设计等领域被证明是一种成功的商业模式，受到消费者的欢迎。"互联网+"技术是实现定制服务的有效途径。为提升文化创意产品的设计感、性感染力、便携性和体验感，开展了互联网背景下基于服务设计理念的博物馆文化创意产品开发设计实践研究，设计了博物馆纪念品APP，目标是满足文化创意消费者个性化的物质和精神需求，为文化创意消费者提供高端的生活体验和生活方式，弘扬文物，传承博物馆文化。

"博物馆纪念品APP"定制化服务的本质是为文化消费者、设计师和博物馆提供信息和素材交流平台。搜集平台博物馆的文物展览内容、文化创意产品信息、设计师提供的个人作品等信息。在首页展示文物和文化创意产品的最新信息，交流社区功能，向消费者介绍设计师和文化创意产品。消费者可以向平台设计者提供自己的喜好和个性化需求。设计师根据消费者提供的信息进行创作设计，通过首付和方案2~3次修改的方式保护双方权益，最后通过快递的方式交付给消费者。消费者通过平台加深了对博物馆文物的了解和体验，增强了对文博文创产品生产的参与感和愉悦感；设计师在同一个舞台上展示自己的个人设计能力和作品，也能带来一定的收益；通过该平台，地方博物馆打造个性化文化创意产品，拓宽文化创意产品销售渠道，同时加大博物馆文化传播力度。博物馆文化在整个运营体系的信息、物质、资本和服务交流过程中得到进一步提升和传承。

（二）设计和开发过程

业务模型画布是分析业务模型的有效工具。通过学习一些博物馆文化创作管理的优秀经验，我们可以发现，这类APP的创新应该从界面设计的美观性和功能性、定制服务的专业性和精致性、文物传播的内涵和价值三个方向进行延伸，这样才能有一个适应时代的创新业务运营模式。我们APP的主要目标用户群体是游客和文物爱好者。秉承打造"数字博物馆与纪念品个人裁缝为一体"的价值主张，可以通过线上线下渠道建立相互沟通。随着服务经济时代的到来，希望我们的产品设计能够给博物馆展览和文化创作建设带来新的设计思路，有效帮助游客获得良好的游览体验，提高博物馆的服务质量，打造地方特色博物馆的文化创作品牌。

这里构思的用户与产品、服务之间的接触点和体验，伴随着一系列的情感。用户体验大致会经历"理解—加入—使用—进阶"四个阶段，在使用过程中自然会有从"好奇"到"满足"的直接感受。用户旅程图可以提供正确的产品设计思路，但在整个故事或服务链中，我们可能只考虑用户旅程的冰山一角。用户需求研究永远不能停止，需要结合项目实际情况不断完善用户的行程图。

用户画像准确高效地分析用户的基本信息、偏好数据等。以标签的形式，实现了海量用户的分类和虚拟用户的构建，对APP的建设产生了直接而深远的影响。

通过调查研究发现，女性比男性更喜欢纪念品定制，因此用户的形象是受过良好教育、有良好文化素养、热爱文化创意产品、能准确表达思想、热爱博物馆文化的文艺青年女性。

故事板是交互设计中一个重要的研究工具。使用以用户为中心的产品场景创建故事板，可以帮助设计师挖掘和预测用户对产品的感受和体验。用故事板思考产品，就像从电影的角度观察和推断用户的行为和反馈。这个故事板主要讲述的是一个年轻的文艺女,参观完博物馆后想买一些文化创意产品带回家给家人、朋友作纪念品,但无奈发现博物馆纪念品店的产品设计并不尽如人意。为此,她找到了我们的个人裁缝APP,发现并逐渐了解了我们的产品,最终在我们的线上软件中找到了自己喜欢的设计师,并在个人裁缝中开始了自己的文创纪念品服务之旅。

管理学家林恩·肖斯塔克(Lynn Shostack)提出了服务蓝图的概念。基于用户的观点和想法,定量研究服务元素中的时间、逻辑关系、行为和过程具有重要意义。同时,服务蓝图将看得见的行为与看不见的行为联系起来,描述用户期望的服务类型,将服务道具、用户、前端服务提供者、后端服务支持者、技术系统支持等因素进行图形化表达,揭示整个服务过程中的系统交互。服务蓝图将在现有服务监管体系的基础上进一步细化,打通服务层和系统层,将用户体验感知的缺失点映射到相关系统能力上,便于体验后的优化建议和反馈,促进改进和提升,最终达到提升用户体验的目的。

服务蓝图的每个服务节点都以用户的心情为标准,其核心是从服务提供者即产品设计者的角度,综合考虑自身的资源结构、成本结构和用户体验,在三者之间找到平衡点并图形化。还综合考虑了产品的表达及用户在使用时可能会有的一系列行为和想法,对前端和后端的工作进行了有效的整合和总结。

(三)APP使用流程(功能模块)

调查显示,大多数人参观博物馆或使用带有强烈娱乐目的的博物馆应用程序,是为了在快节奏的社会生活中放松身心。纵观博物馆自制APP、平板APP等,大部分都是以下项目:展览指南、展览内容、文字讲解(或语音讲解)、活动介绍等。都是一样的,功能相似,没有考虑观众对纪念品的需求来提升APP的定制服务功能。于是,这款APP应运而生。

经过上述一系列的服务设计流程,本APP的Application设计从用户调研、用户交互体验、APP界面交互视觉设计三个关键方向进行研究。通过典型的用户角色模型，确立用户定位，了解用户需求，制定合理的问卷；从交互设计和界面视觉设计的角度，制定了APP的应用框架结构、功能流程描述和整体结构。

以下APP设计界面主要依托湖南省博物馆的设计，博物馆纪念品商城主要分为收藏、纪念品商城、互动平台、个人中心等辅助功能四大版块。

1. 搜集部分

搜集部分是查看博物馆内的文物信息：图片、名称、朝代、用途、文化内涵等。文字之外还有语音讲解和AR显示效果的引入，可以给用户带来更加逼真的视觉体验。通过在APP的收藏区展示，用户可以收藏自己喜欢的文物和图案元素。

2. 纪念品商城部分

该应用将向用户展示新的纪念品、销售图表和用户可能喜欢的纪念品。用户在浏览纪念品时，可以查看藏品设计来源及相关产品（如浏览非衣绢画明信片，APP会为你推荐非衣绢画书签、日历）等。点击纪念品设计师的名字，与设计师交流想法，享受个性化的文物纪念品个人裁缝。

3. 互动平台部分

交互平台是设计师、设计师与用户、用户与用户之间的在线交流平台。随着APP的不断完善，我们会在互动平台版块增加小程序模块，比如文物相关的小游戏、表情符号，或者卡通视频。

4. 个人中心区

该中心的主要功能是查看、修改你的头像、昵称和注销。进入圈子，查看好友和新闻；查看用户收藏的文物、文化元素、纪念品、设计师；查看订单、足迹和购物车。在这一部分，用户可以提交设计作品并申请成为设计师。

随着博物馆的智能化发展，用户的个性化体验和服务成为博物馆的重点建设内容，以个性化服务为重点的博物馆文化创意产品的开发和研究将成为必然趋势。本研究从服务设计的维度拓展了博物馆文化创意产品的设计开发过程，解决了博物馆消费者与博物馆文化创意产品设计的沟通鸿沟，是一次探索性的尝试。本次研究和实践的结果表明，将服务设计理念和互联网应用于博物馆文化创意产品的设计和开发，能够提升博物馆消费者的体验感和满意度，更大程度上为文化遗产的传承和传播提供新思路。

四、博物馆文化创意产品的精品案例——北京故宫博物院

（一）研发

1. 研发理念

北京故宫博物院的文化创意产品开发不是简单地复制与模仿，而是通过大胆的尝试和创新让文物"活"起来，让文化融入生活。经过长期探索，故宫在文化创意产品方面形成了"以弘扬传统文化为己任，以社会公众需求为导向，以科学技术为依托，以学术研究成果为支撑"的开发理念。"以弘扬传统文化为己任"指借助文化创意产品将中华民族的优秀传统文化发扬光大，增强故宫文化的持久魅力。"以社会公众需求为导向"旨在提高产品的针对性，使北京故宫的文化创意产品既充满文化韵味，又能契合大众的现实生活需求，确保产品一经推出就得到大众的追捧。"以科学技术为依托"指北京故宫博物院的文化创意产品开发充分借助于现代科学技术，以科技手段来不断充实并扩展文化创意产品的形式。"以学术研究成果为支撑"强调故宫文化创意产品开发始终立足扎实深入研究的基础上，不论文化创意产品多么新颖有趣，它们都不会将故宫文化抛至一边，而始终包含了深厚的故宫文化。例如："朕就是这样汉子"折扇、"奉旨旅行"行李牌等就是很好的体现。可以说，北京故宫博物院文化创意产品开发如果没有弘扬传统文化的使命感，就迷失了发展的方向；如果没有足够了解社会公众的实际需求，就无法实现其产品的价值；如果没有现代科学技术作为研发依托，就很难出现如此丰富的产品类型；如果没有足够的学术科研成果，就缺少了存在的根基。"以弘扬传统文化为己任，

以社会公众需求为导向，以科学技术为依托，以学术研究成果为支撑"四者相辅相成，共同推动着北京故宫博物院文化创意产品的开发。

2. 研发团队

北京故宫博物院由36个部处组成，其中由资料信息部、故宫文化服务中心、故宫出版社、经营管理处等四个部门具体负责文创产品研发工作。此外，为汲取更广泛的灵感，开发更精彩的产品，故宫还面向内部员工和社会公众举办文创产品设计比赛。

资料信息部负责APP研发。APP研发团队由一二十个年轻人组成，他们大多了解并学习过动漫和设计类相关知识，对科技信息类产品有较浓厚的兴趣。目前大家较为熟悉的是《胤禛美人图》《紫禁城祥瑞》《皇帝的一天》《韩熙载夜宴图》《每日故宫》和《故宫陶瓷馆》六款APP，由于它们符合青少年群体的兴趣爱好，因此其传播效果要远远高于传统纸质文化传播形式。以《皇帝的一天》APP为例，这是故宫官方首次推出的儿童类应用，以活泼生动的手绘画风，卡通画的宫廷人物，引领孩子深入宫廷，了解到皇帝一天的衣食起居、办公学习与休闲娱乐，来向孩子们说明皇帝的一天也是很繁忙的，最终达到教育孩子的良好效果。另外，"数字故宫"建设是北京故宫博物院的又一项重要举措，它以立体、多元、全方位的信息化手段让北京故宫文化融入人们的日常生活，以此来满足大众的文化需求。

故宫文化服务中心负责中、低端产品的研发。研发团队由数十人组成，他们的目标是开发出具有故宫特色的文化商品，满足公众对博物馆文化的消费需求，弘扬优秀传统文化。他们生产的产品虽然价格不高，但却依然具有较强的实用性和观赏性，因此受到广大群众的喜爱。例如：皇帝书签、"圣旨"铅笔刀、抱枕、双肩包等。故宫出版社负责出版相关书籍及古代书画仿制品的研发。因为涉及的工作量较大，其拥有庞大的数百人开发队伍，故宫博物院拥有丰富的书画资源，为了能使群众更好地感受到中国书画艺术的魅力，本着"服务故宫，开放交流"的原则，开发团队设计出精美的图书及相关音像制品供社会公众学习，如《故宫经典系列丛书》《故宫日历》《紫禁城》杂志等书籍来达到弘扬传统文化的目的。每次书画仿制工作开始前故宫出版社都先挑选出院内的馆藏书画精品，通过先进技术进行还原，供社会人士观赏和研究。

经营管理处负责高端产品、院礼的研发。例如，售价120万元的纯铜打造的故宫角楼模型。其部门人数较少，由8人组成，它的职能不仅负责文创产品的研发，而且包括维护故宫文创产品产权的工作。

排除专设机构，故宫博物院还为员工和社会公众搭建平台，举办文创产品设计比赛，让他们也能参与文创产品的研发，从而设计出更接地气的产品，丰富故宫文创产品的种类和数量。2008年和2009年，故宫博物院连续两年举办"故宫博物院职工文化产品设计及产品创意竞赛"，涌现了许多精彩的产品，并编印了《故宫博物院首届职工文化产品设计与创意竞赛获奖作品集》。2013年7月，故宫博物院又面向社会公众征集创意设计，特举办"紫禁城杯"文创设计大赛。

3. 研发资金

据统计，北京故宫博物院在2009—2015年每年参观人次达千万，可以说故宫的门票收入十分可观，高达数亿元。然而，受制于收支两条线的预算办法，所得门票收入需全部上缴国库，而每年所需的经费则重新进行财政预算，所以，北京故宫的门票收入并不能给文创产品的研发带来多大的帮助。北京故宫博物院的单霁翔曾经说："故宫事业发展的资金需求非常大，但是我们力求以科学、务实、可行的项目规划来争取国家财政的强力支持，而不是通过提高门票和增加民众的负担来获取更多资金。"[1]随着国家对博物馆经营方式和态度的逐步转变，北京故宫博物院被国家划为公益二类事业单位，根据相关政策的规定，它可以自主开展相关业务活动，依法取得服务收入。这样的措施大大刺激了故宫博物院文创产品研发的热

---

[1] 张璋.故宫博物院院长单霁翔:以文化的态度"经营"文化[N].光明日报, 2012-5-15.

情，使故宫文化产业获得飞速的发展。自主经营的模式加上财政资金的专项支持，使得故宫人在进行文创产品开发时不会由于资金的原因而影响产品的研发进程。

4. 研发素材

截至2015年底，故宫研发文创产品的种类已达16种，数量8767件。它们涵盖类别广，包含生活的各个方面，充分兼顾起公众的各种需求，获得了公众的好评。如此多样的文创产品，它们没有一件是凭空臆造的，全部取材于故宫的藏品。故宫博物院文创产品研发的素材主要来自历年的展览，同时结合其180万件藏品和独一无二的古建筑资源。利用脑洞大开的创意将故宫元素、文化内涵注入产品中。历年来北京故宫博物院多次举办展览，其中以2015年九十周年院庆规模最大，共举办了18项展览，分为专题展览、常设展览、原状陈列三大类，相关展览包括"普天同庆——清代万寿盛典展""石渠宝笈特展""大明御窑瓷器——御窑遗址出土与传世洪武、永乐、宣德瓷器对比展""清淡含蓄——故宫博物院汝窑瓷器展""故宫老照片特展"等。这18项展览的内容涉及方方面面，为北京故宫研发团队提供了广阔的素材库，为专业人才仔细发掘、寻找灵感奠定了基础。例如：围绕"石渠宝笈特展"，故宫推出系列仿真书画产品，包括《清明上河图》《韩熙载夜宴图》《听琴图》等，最大程度保留了原作的神韵风貌；围绕"故宫老照片特展"发行故宫明信片。

（二）生产

北京故宫博物院虽然拥有独立自主的研发部门，但受博物馆自身体制机制的约束和人力资源的不足，它没有独立的文化创意产品生产部门，其部分开发和全部生产计划委托给业内顶尖厂商负责生产。目前，为故宫博物院提供文化创意产品设计和加工的企业已达60余家。故宫选择的标准相当严格，要求合作企业提供相关资质的证明材料，如茶具制造厂出具质量报告、木材加工厂出具环评报告等，最后故宫还要进行实地考察，最终择优确定合作对象。

1. 合作生产

按照控股比例的不同，北京故宫文化服务中心分别与北京喜力大有文化发展有限公司、香港益诚投资有限公司、北京百雅轩文化艺术有限公司等成立了北京故宫文化产品开发有限公司、北京故宫宫廷文化发展有限公司、北京紫禁城天地文化发展有限公司等。故宫许多的文创产品由这些公司生产，并以故宫的名义进行发布。

2. 授权生产

北京故宫博物院授权企业较多，比如：北京尚潮创意纪念品开发有限公司、北京全观装饰设计有限公司、潍坊增艳企划发展有限公司、深圳宜雅艺术品有限公司、北京优派克文化发展有限公司、丝绸之路集团、北京军戎商贸有限公司、雅昌企业（集团）有限公司、北京东方威龙文化艺术有限公司、周大福珠宝、北京洛可可设计公司、日本凸版公司等。以北京尚潮创意纪念品开发公司为例，它是一家致力于博物馆原创文化产品开发的公司，经故宫博物院授权后，它立足故宫藏品，研发出可爱的娃娃卡通形象和产品，从无到有，逐渐形成"宫廷娃娃"系列文创产品，深受消费者青睐。根据北京故宫文化服务中心和北京尚潮创意纪念品开发公司的约定，娃娃卡通形象和产品仅在故宫的渠道内销售，开发公司不得与其他合作企业研发雷同或类似的形象和产品。北京故宫博物院通过授权企业生产的方式，节约了人力成本。更重要的是，对企业生产的产品能否进入市场，故宫的研发团队依然有权进行把关，以此来确保相关产品的质量。

（三）销售

北京故宫博物院一直给人的印象是高大、严肃、古典，甚至是"遥不可及"。作为历史文化遗存的故宫，保护文化古迹不仅是其首要任务，而且它还肩负着传播故宫文化，使故宫文物"活起来"，让故宫文化走入寻常百姓家的责任。故宫文创产品虽然为公众把故宫文化带回家提供了实物载体，成为故宫文化"走"出去的重要方式，但要让故宫文化真正发扬光大，只注重研发和生产还不行，必须注重产品的销售，只有通过合理的销售模式，才能真正实现故宫文化与公众生活的有效对接。因此，为了达到传播故宫文化的最终目的，故宫博物院制定出文创产品合理的定价方案和多样的销售渠道。

1.定价

北京故宫研发的8000多件文化创意产品中，其销售价格从10元以内到上百万元不等。由于北京故宫博物院文化创意产品开发的目的是弘扬传统文化，彰显博物馆的社会教育职能，同时尽力获得一定的经济效益，从而实现博物馆自力更生，最终实现博物馆的可持续发展。本着传播文化的出发点，故宫文创产品的定价是科学的，其价格着重参考两个标准：一是同类产品价格；二是生产成本的基础上加价幅度控制在10%以内。故宫的文创产品生产之前，他们首先会调研同类产品的售价，以此来控制生产成本。如果同类产品明显高于市场价，将不利于产品的销售，不利于提高自身的市场竞争力。因此，同类产品的定价，通常情况下不会使价格差距过大。另外，在社会效益和经济效益相冲突的情况下，本着社会效益优先的原则，尽可能地压低售价，在原生产成本的基础上加价5%~10%，来进行产品的销售。

2.销售渠道

故宫文创产品数量众多，必须有一个合理的销售计划，才能顺利保障产品的价值实现。每次新产品推出以前，故宫往往会提前生产数十件投入市场，观察市场反应，如果销售状况乐观，才会决定大批量生产。如果市场反应不好，则少量生产或不生产，以免形成库存，导致资源浪费。故宫文创产品上市后，其销售渠道包括线上销售和线下销售，为公众消费提供便捷。

（1）线上销售

北京故宫博物院有自己的网上销售平台：故宫淘宝和故宫商城。故宫淘宝是故宫博物院2008年12月同北京尚潮创意纪念品开发有限公司合作创办的旗舰店，直接隶属于故宫文化服务中心，其销售产品分为6大系列共计210种。故宫商城是故宫博物院于2015年1月正式上线的又一网上销售平台，分为8大系列共计237种。现代社会，许多人由于时间的限制不能前往故宫游览，还有部分人去了故宫，但是可能由于各种原因未能购买纪念品。这种情况下，如果想购买就只能去故宫，或者再去故宫，而这会带来各种不便。可是，网上销售出现以后，他们足不出户就可以把心仪的故宫产品带回家，给公众带来了极大的便利，故宫也借此实现着传播文化的目的。目前，故宫淘宝店的粉丝量已接近30万。由于电商的营销模式让故宫尝到了甜头，故宫近期还将与阿里巴巴签署合作协议，在天猫和阿里旅行平台筹建故宫博物院旗舰店。[①]

（2）线下销售

故宫博物院院内共有42处文化产品商店，它们分布在不同区域，为游客消费提供便利。其中以神武门东厂房的8个文化创意体验馆较有特色，分别是丝绸馆、服饰馆、生活馆、影像馆、木艺馆、陶瓷馆、展示馆和紫禁书苑等8间展厅。2016年北京故宫博物院还计划在神武门外东西两侧设立无需购票、不受闭馆时间影响的故宫文化服务区，以进一步拓展故宫文创产品的销售。除了在故宫设置的销售点，目前北京市内固定展示和销售故宫文创产品的区域共有四处，一处位于首都机场，属文化展示项目；其余三处位于商业区，属销售点。北京市外的固定销售区域只有一处，位于澳门艺术博物馆。（如表5-1）

[①] 张晓宇.故宫博物院要去天猫和阿里旅行开旗舰店了[N].好奇心日报, 2016-4-22.

表5-1　北京故宫博物院文化创意产品销售区域

北京故宫内文化创意产品固定销售区域	故宫文化产品商店	分布于故宫博物院的各个角落
	故宫文化街	神武门北宫墙下东厂房8个文化创意体验馆
北京市内其他展示和销售区域	文化展示项目	2012年"文化国门——故宫印象"文化展示项目在北京首都国际机场T3航站楼落成
	故宫博物院文化产品专卖店	2007年国内首家"故宫博物院文化产品专卖店"落户白孔雀工美大厦；2014年故宫文化产品专卖店落户王府井工美大厦四层
	故宫博物院精品文物馆	2015年北京奥林匹克公园瞭望塔的故宫博物院精品文物馆开张
北京市外固定销售区域	故宫纪念品商店	澳门艺术博物馆与故宫博物院的合作开设，店内销售的纪念品均为北京故宫博物院生产的文创礼品

　　北京故宫博物院文创产品从研发到生产，再到销售这一流程，渗透着北京故宫博物院先进的理念、艰辛的付出、明确的分工、严格的生产、广泛的渠道等诸多必备要素，为中国其他博物馆走出一条适合自身发展的文化创意产品开发之路提供了先进的经验。目前，北京故宫博物院文创产品开发无疑取得了巨大成绩，不论在国内，还是国外，故宫博物院都是佼佼者。未来，故宫博物院只有继续保持一贯的态度和付出，同时，密切关注文创产品研发、生产、销售各环节中潜在的问题，及时改进，这样才能在文创产品开发的道路上走得更远。

　　中国博物馆正处于蓬勃发展的时候，但是在市场经济的浪潮下，各种困难和困惑也随之而来，如何转型发展成为每个博物馆不得不思考面临的问题，优秀文创产品的推出，必为博物馆谋取了可观的收入，也符合我国博物馆今后自主经营的理念。文创产品所蕴含丰富的历史文化底蕴，不但能够提高博物馆的社会知名度，也是博物馆教育和社会服务功能的延伸，同时还能为博物馆获取额外的收入。北京故宫博物院的文创产品的研发成功营销模式值得国内其他博物馆学习借鉴，但相比国际上知名博物馆，我国的博物馆文创产品研发还处于初级阶段，要赶超它们还有很长一段路要走。虽然文创产品营销得好与坏对博物馆的可持续发展至关重要，但是当前国内仍有很多博物馆对其研究不足，仍将文创产品看成是博物馆的附属品，处于可有可无的地位，或者认为经营文创产品是市场行为，与博物馆无关。他们的认识是非常浅显的，虽然我国国有博物馆均属于公益性单位，在坚持社会效益优先的原则下，尽可能地创造收入，实现自身的造血功能，促进自身的发展实现后期的良性循环，探索出一条适合博物馆发展的可持续之路，是现今及今后我们亟须解决的问题。中华文明源远流长，五千年厚重的文化积淀，蕴含着无数值得开发的衍生品，充分挖掘这些资源，设计出一批内涵丰富、吸引力强的文创产品，融入民众的生活中，充实人们的精神娱乐空间。带走的文创产品，是观众对参观完博物馆的延续和回忆，我国应致力于让展厅里的文物插上创意的翅膀，飞入中国的每一个角落里，高度发达的文化创意产业势必推动中国经济的蓬勃发展。

第二节　旅游文化文创设计案例

一、旅游文化创意产品概述

1. 旅游文化创意产品的定义

旅游文化创意产品不仅要脱胎于传统旅游商品，满足受众对功能的需求，融入当地旅游文化，还要满足人们对美、设计、创意的需求，让游客在购买和使用过程中真正感知和认同文化。

2. 旅游文化创意产品的内容

旅游文化创意产品的内容应该是旅游文化内涵及其载体，二者是相互依存、不可分割的。旅游文化创意产品的旅游文化内涵不仅包括旅游目的地文化，还包括当地民俗文化、宗室文化、纺织文化、饮食文化等日常生活的方方面面。不同的文化有不同的文化表达需求，不同的地域文化需求由不同的文化需求构成。优秀的文化创意产品应该包括文化内涵的创造性转化。通过设计师的创造性转化，产品中的文化自然会被受众所理解，同时其文化内涵也会被感知并产生共鸣。比如好东西文创推出的"金腰带"，根据成语的表面化含义，推出了一款铜币"金腰带"，因其机智的形式和"富"的寓意而受到年轻人的追捧。

旅游文化创意产品的载体，由于当代经济技术发明，并不局限于简单的物品作为其载体，为文化创意产品的设计和研究提供了多种形式和渠道。比如短片《笔墨行旅》，2016年由台北故宫博物院推出。这部动画短片将中国著名的四幅山水画，从唐代《明皇幸蜀图》、北宋《谿山行旅图》、南宋《岩关古寺》再到元代《鹊华秋色图》，四幅画分别呈现中国山水画讲求可行、可望、可游、可居之意境，为中国山水画的历代风格演变的代表。故事叙述一个现代男子进入画中世界展开旅程，在旅程中形变成动物或植物，与自然合而为一的故事。

3. 旅游文化创意产品的设计原则

（1）文化与创意的结合

要把文化和创意结合起来，首先要了解文化和创意的区别和联系。文化是人类长期创造的一种社会现象，是一种历史现象，是人类社会历史的积淀。文化浓缩在物质中，但又与物质分离。它继承和传播了历史、地理、风俗、艺术、思想等。国家和民族的文化是一种人们可以相互交流和传承的意识形态。创造力是一种抽象思维，一种行为潜能，来源于对一些真实事物的理解。创造性打破了传统的思维方式，是一种创造性的、新颖的方法或新颖的思维方式。或者可以解释为用创新的方式方法重新诠释现有的事物，从而创造出新奇的、创新的事物。

文化与创意的高度融合，要求在旅游文化创意产品的设计过程中，要充分认识和理解旅游目的地的精神和物质文化，深入发掘当地的文化元素，包括历史文化元素、地理文化元素、风俗文化元素、艺术文化元素等。并用现代的思维方式和创新的方式（主要是文学、艺术、音乐等艺术方式）重新诠释和创造传统不变的文化元素，创造人们喜爱的。

（2）品牌识别原则

品牌是识别标志，是精神和价值观的象征，是优秀品质的核心体现。一个品牌的建立是由市场经济决定的，市场经济是商标或口号基于具体对象产生的经济效益，是人们产生的品牌认知效益。培育和打造高辨识度的品牌形象，是自身创新实力和文化价值的体现。品牌识别原则要求在旅游文化创意产品的设计过程中，把握当地文化特色，注重对传统文化元素的系统性提炼，立足于具有品牌意识的产品研发，使之成为具有品牌识别的系统化系列产品。

4.旅游文化创意产品的整合力

旅游文化创意产品最重要的特征是其自身巨大的融合力。创意保证了文创产品能够将任何文化、任何产品的功能性整合为一个对象，这就决定了文创产品在旅游行业中的重要性。以文创产品为基础，可以连接任何行业、任何形式，比如"文化+手工艺品""文化+日用品""文化+农业+产品"，甚至"文化+情怀""文化+童年回忆"。

文化创意产品的融合点是融合力中最重要的。融合点的本质是基于受众的类型和喜好，比如《国家地理》制作的《最美的颜色》，其受众是对审美生活有一定要求的人。虽然产品形式看似简单的明信片，但仍然受到很多人的追捧和收藏。融合点不能是随机的，不是凭空产生的，而是根据特殊的文化符号，或者特殊的文化符号与特殊的产品功能相结合，产生特殊的产品功能，二者相辅相成，相互制约。比如"好东西"创意公司出品的《海错图海鲜》，融合点是《海错图》中的插图与美食海鲜的结合，可以概括为"文化+美食"，既给顾客带来文化，也给顾客带来美食。

二、旅游文化创意产品的分析

1. 旅游文化创意商品需求分析

作为销售给用户的产品，要求设计师在设计过程中以消费者需求为出发点，选择具有代表性的文化特色，并将其转化为旅游文化创意产品，这是设计师和开发商首先要考虑的问题。旅游文化产品既要体现民族和地方特色，又要有较高的文化品位，即产品具有一定的文化内涵。丝路文化是多元的。如何选择有代表性的文化特征，以区别于其他文化？在设计开发文创产品的过程中，为了满足客户的需求，实现文创产品的最大商业价值，在项目设计之前，需要对用户定位、研发时间、成本和用户满意度进行分析研究。

2. 旅游文化创意产品的表现形式

（1）日用品类

日用品是文化创意产品的一大类。由于它的功能性和通用性，决定了它在众多产品中的地位。将地域文化附着在日常生活用品上，不仅美化了产品，增加了产品的附加值，还将文化带入了人们的生活，比如一款名为"艺术家杯"的马克杯，它的主体是骨瓷。杯子描绘了设计师威廉·莫里斯（William Morris）的作品《草莓小偷》。目前该作品被伦敦维多利亚和阿尔伯特博物馆收藏。绘画和画家的名气赋予了杯子文化价值，受到很多艺术爱好者的追捧。

（2）快消品类

对于快消品来说，被很多文创品牌忽略了。由于快速消费品的高度市场化和同质化，文创产品依附于具有特殊文化的快速消费品，减少了同质化问题，从而带来经济效益，将文化带入生活。比如苏州博物馆推出的线上名人文创——文物曲奇，外形取自镇馆之宝"五代秘色莲花碗"，选择绿色抹茶风味更接近文物，因其味道鲜美、文化独特而受到很多人的追捧。

（3）物产资源类

物户资源作为一种区域特征，是区域经济的重要组成部分。"文创+物业资源"可以促进当地农副产业发展，普及当地文化习俗，带来当地经济效益，带动劳动力回流等社会效益，对经济社会和谐发展起到非常重要的作用。对于本土产品资源的推广设计，首先保证其产品的质量，其次进行创意包装设计，以地域文化元素或自身文化元素作为其包装的基本点，吸引受众购买。

（4）网络互动类

中国网民数量居世界第一，互联网的快速发展将"网络+文创"带入新时代。比如滴滴的科普产品H5互动链接——《脑内印象》，滴滴将各类知名人士与其公司的"黑科技"联系起来。在H5页面中随机选择一个卡通人物后，他的大脑会被打开，并弹出一个大脑动画。动画内容与这个卡通人物有关，也与滴滴的技术有关。利用其公司技术的动态展示，不仅增加了科普效果，还增加了与观众的互动。

3. 旅游文化创意产品设计中的几个问题

旅游文化创意产品在实际设计中还存在很多问题，主要体现在以下几个方面。

（1）产品设计比较浅

在旅游文化创意产品的实际设计过程中，由于没有从地域文化的角度出发，设计效果无法得到很好的呈现。在我国旅游业蓬勃发展的背景下，旅游市场的发展进入了一个新的阶段，市场对旅游产品的需求大大增加。因此，相应的文化创意产品设计需要结合市场需求，控制主要文化创意产品的整体设计质量，从整体上提高文化创意产品的设计水平，体现地域文化特色，从而有助于促进当地旅游经济的发展。但在实际设计过程中，地域文化特色没有明显凸显，旅游文化创意产品设计同质化突出，无法有效满足消费者对特色产品的购买需求。

（2）产品包装过度

从目前我国旅游产品的包装设计来看，存在过度包装的现象，造成资源浪费和环境污染。旅游产品的包装设计进入了一个新的发展时期，设计工作要从多方面着眼创新，以促进旅游产品的良好发展。但在旅游文化创意产品的实际设计过程中，材料的应用存在高消耗、高污染的倾向，对绿化、环保缺乏积极性。

三、旅游文化创意产品设计的多元化路径分析

（一）互联网时代旅游文化创意产品的品牌复兴

1. 品牌复兴的理论背景和研究现状

简单来说，品牌是指消费者对产品和产品系列的认知。品牌形象是消费者对某一产品品牌的所有联想的集合体，体现了其在市场和大众心目中的个体特征，反映了消费者心目中对品牌的整体评价和认知。和品牌一样，生老病死是一个自然的经济规律，那就是生命周期。品牌的生命周期是从品牌诞生、成长、成熟到退出整个市场。在这个过程中，随着品牌的不断成熟，消费者对品牌形象的理解也经历了一个从理解、认同到满意的过程。然而，随着互联网的发展，旅游消费群体越来越年轻化，消费者的消费观念、消费习惯和审美标准都发生了巨大的变化。原有的品牌形象很难满足年轻消费者的需求。所以，品牌年轻化，简单来说，就是以年轻消费者为导向，通过品牌理念、品牌内容和品牌表现形式的一系列变化，让品牌形象能够满足年轻消费者的认可和喜爱。

近年来，探索品牌复兴的学术成果取得了显著成就。比如2008年，李光斗在《互联网让中国品牌更年轻》中指出，互联网让中国社会越来越重视年轻人，品牌对于年轻消费者来说越来越年轻。2014年，连晓卫在《互联网时代的品牌年轻化建设》从传播模式、传播语言、传播效果、自有终端等方面阐述了互联网时代品牌年轻化建设的特点。2017年，黄守峰在

《互联网时代的品牌年轻化建设》中从品牌定位、营销手段、传播渠道、传播方式等方面探讨了品牌复兴战略。从已有的成果来看,从传播学角度分析旅游文化创意产品的品牌复兴策略成果不多。

　　现代互联网市场环境下,旅游市场快速发展,旅游文化产品不断创新。各地希望利用好旅游文化创意产品品牌,提升旅游目的地品牌形象,丰富旅游体验,提升旅游品位,更好地传播地方文化。但在实践中,各地旅游文化创意产品品牌年轻化存在以下问题:一是旅游文化创意产品背后是深厚的文化内涵,但很多产品在设计理念上过于注重传统文化的展示。产品种类虽多,但产品的设计和造型单调,缺乏活力,因此追求新奇、求变的年轻消费者往往对他人敬而远之。二是,互联网时代媒体的发展大大拓展了信息传播的范围,年轻消费者的生活与互联网紧密相连。但是很多品牌的传播渠道和营销方式都比较老套,跟不上互联网时代的发展,需要发展。比如六朝古都南京夫子庙的"秦淮礼物"文创店,从成立到现在也只是在当地推广销售。很多产品鲜为人知。消费者如何购买?要发展,必须创新传播渠道和营销方式,通过微博、微信等现代新媒体,让品牌满足年轻消费者的需求。三是,品牌的线下活动体验有待提升。消费者对旅游创意产品的需求不断增加,线下活动成为深化旅游创意产品品牌形象的重点。年轻化的体验形式促进了用户与文化的互动和消费者对旅游文化创意产品品牌的理解,能够提升和深化旅游文化创意产品的品牌形象。因此,在互联网时代日益激烈的品牌竞争下,如何应对环境的新变化,制定符合年轻消费者需求的旅游文化创意产品品牌年轻化战略,值得深思。

　　2. 网络时代旅游文化创意产品的品牌复兴策略

　　近年来,随着互联网的不断发展,消费市场越来越年轻化,年轻人已经成为市场的主要消费者。旅游文创品牌既是传统文化的体现,也是年轻人消费偏好的体现。因此,旅游文化创意产品要想快速发展,必须将注意力转向年轻人,品牌形象要满足年轻人的情感契合度,被年轻人认可和接受。旅游文创品牌形象承载了大量的历史文化内涵,自然具有庄严的历史感和气度，但也给人一种枯燥的刻板印象。随着旅游市场的火爆和旅游群体的年轻化，做好品牌年轻化策略，确保旅游文化和创新的品牌形象与时俱进势在必行。

（1）品牌理念年轻化

品牌概念是指吸引消费者和建立品牌忠诚度。此外，建立以顾客为中心的主导品牌地位的概念。品牌理念引领品牌形象设计和塑造的大方向，指导产品开发、设计、营销和推广等。它是品牌的核心价值和理念，贯穿品牌塑造和发展的始终。为了适应时代的发展，文创产品的品牌理念需要改变。在新媒体传播环境下，结合互联网时代年轻消费群体的特点，将更多年轻的内容和年轻的表现形式融入文创产品的品牌理念中，将原有的理念进行相应延伸，形成具有年轻人价值观和审美倾向的文创产品品牌理念。

①内容选取年轻化

文化创意产品的消费核心是基于文化认同的消费，因此文化创意内容的选择非常重要。旅游文化创意产品以文化传播为出发点。受当地旅游文化的历史性和知识性的影响，旅游文化创意产品的内容往往侧重于展示传统文化，与现代文化不同，年轻消费者很难认同。在文创产品品牌的内容选择上，要被年轻人认可和接受，内容选择要贴近年轻人的生活，结合传统与现代文化，唤起年轻人的共鸣。比如折扇"朕就是这样汉子"的设计，符合现代消费者在内容选择上的审美取向。"朕就是这样汉子"这句话出自雍正对田文镜运麦的追思，留下"朕就是这样汉子！就是这样秉性！就是这样皇帝！尔等大臣若不负朕，朕再不负尔等也。勉之！"朱批。虽然是清朝皇帝朱批，但没有古代语言复杂难懂，而是倾向于现代网络语言，符合现代年轻人的语言习惯。而雍正帝的形象也因为这篇批语而从威严正统变成了可爱个性。雍正形象的对比满足了年轻人对差异的热爱，很快与崇尚个性的年轻人产生了共鸣，对雍正帝的话产生了极大的认同感。"朕就是这样汉子"折扇也成了网上的爆款。

②表现为年轻化

文创产品品牌理念的外部身份识别主要通过具象和视觉形象符号进行传播。但形象符号的使用绝不是传统符号对现代文化创意产品的直接复制，而是顺应年轻消费者认知和审美的重新设计。在表达文创产品的品牌理念时，通过现代设计手法展现传统文化，提升品牌的青春形象。针对消费群体的年轻化，"兵兵有礼"系列秦兵马俑在合理的语境下，结合现代人生活方式、行为方式、流行语等代表性符号，对历史名人符号进行了现代化改造，将兵马俑形象漫画化，剔除了历史名人的脸谱和严肃标签，以幽默的表现手法重塑了兵马俑的视觉形象。年轻的产品形象引起了年轻人的共鸣，改变了西安文创品牌的刻板印象，深受年轻消费者的喜爱。

（2）更年轻的沟通渠道

随着互联网时代的不断发展，人们获取和传递信息的方式发生了很大的变化，数字媒体已经全面介入我们的生活。在这个社交和移动互联网的时代，人们通过数字接口和设备进入他们的数字生活。现代信息传播的快速性、多样性和交叉性，使得媒介融合成为大势所趋。各种媒体的相互影响和互补，为传播文创品牌形象提供了更广阔的选择。因此，旅游文化创作的品牌形象应该借助数字媒体的影响力和渗透力，通过各种年轻的传播渠道进行传播。

①通过广泛的社交平台，建立良好的互动性和广泛的沟通

媒体平台拥有庞大的用户群。因其时效性、普及性和快速传播能力，成为各大官方机构发布新闻的主要方式。随着旅游文化创作官方平台的建立，大数据还可以搜集订阅者的喜好和习惯，提供差异化的品牌服务，推送有针对性的消息。通过平台与用户进行线上互动，对推广旅游文化创意产品、塑造文化创意产品品牌形象起到积极作用。比如故宫微信官方账号向用户推送包括人文知识、民俗文化、商品新闻、优惠政策等信息。推送消息将人文、景区、民俗、文化创意产品与网络文案、贴近年轻人习惯的流行图片有机结合。通过醒目的标题和丰富的内容，吸引大量年轻用户

评论转发，塑造年轻的品牌形象。2014年，故宫博物院淘宝微信官方账号发表文章《雍正：感觉自己萌萌哒》，雍正帝迅速成为当时的"网上名人"。这篇文章也迅速突破10万条评论，在网上掀起了讨论热潮。之后，故宫文创先后推出了"朝珠耳机""奉旨旅行"腰牌卡、"朕就是这样汉子"折扇等一系列产品。媒体平台为文化创意产品的展示提供了绝佳的机会。

②通过手机APP打造忠实受众

手机APP打破了时间和空间的限制，成为年轻人不可或缺的工具。文创APP主要通过引导式手机APP和主题式手机APP两种形式，让用户浏览信息、体验游戏互动、分享体验感受、提升用户体验。导读手机APP利用数字媒体技术，将文创与传统旅游线路相结合，形成独具特色的文创旅游线路。如中国澳门文创地图手机APP为用户提供实时路线规划、历史文化介绍、文创产品推送，增强文创品牌吸引力；专题手机APP，开发一系列特定主题的手机应用。比如故宫的《韩熙载夜宴图》《胤禛美人图》《紫禁城祥瑞》等，以主题的形式与用户全面分享内容，同时购买相关文化创意产品。尤其是《胤禛美人图》APP在短短两周内被下载超过20万次，在年轻人中引起了极大的反响。通过便捷高效的信息传播，手机APP可以提供多种文化创意产品信息和综合服务，将传播文化、娱乐与产品相结合，打造忠实受众。

③通过多平台联盟强化品牌形象

信息的传播不能仅仅依靠单一媒体平台的使用和多个平台的结合。一方面可以增加更多的受众，另一方面可以让文创品牌的形象更丰富、更立体。文创产品利用平台优势，在纸媒、手机APP、网络平台等各种平台宣传、塑造、销售产品。比如，2018年11月，故宫推出首档电视节目——《上新了·故宫》，通过"新品开发官"展示故宫历史文化，并在微博、微信、手机APP推送消息，丰富文创在故宫的品牌形象，推广文创产品。

（3）营销方式年轻化

现代年轻人习惯于随时获取网上资源。互联网数字技术融合营销成为趋势，线上消费成为年轻消费者的主要消费方式。营销已经从单一的线下购买转变为线上线下相结合。旅游文化创意产品应利用网络营销优化消费体验。比如"故宫淘宝""故宫文创""故宫博物院出版旗舰店"等都是故宫文创的官方售卖店，"西安博物馆"是西安文创产品的线上销售店。借助互联网营销旅游文创产品，消费者能根据自己的喜好有选择地获取信息，使获取信息由被动变为主动，营销更具有针对性。

（4）年轻化的线下活动

线上话题创造动力，扩大品牌在年轻消费者中的影响力，体验线下活动，加深消费者对旅游文化创意产品品牌的印象。随着消费者对旅游创意产品需求的不断增加，关注顾客的线下活动成为深化旅游创意产品品牌形象的重点。

①数字化带来全新体验

利用多种互联网技术和信息技术丰富与公众的互动，利用虚拟技术使参观过程更加有趣，给观众带来全新的感官体验。利用数字技术，消费者可以对文化创意内容有更深的理解，有趣的互动也给消费者带来了全新的观看体验。比如数字技术放大的《清明上河图》，不仅让观众更容易深刻理解地图背后的文化意蕴，也给人耳目一新的感官体验。

②设立文创体验店，让消费者参与其中

设立旅游文化创意体验店，通过主题化的文化互动体验活动与客户互动，满足不同受众的需求，提升参观体验。比如故宫的故宫文创儿童体验店，不仅为孩子们展示和销售故宫的文化创意产品，还让各个年龄段的孩子在这里体验活动。按照功能划分，店内设置了三个区域，并设置了"上书房"区域，供较小的孩子体验皇室子弟的日常生活。定期举办文化互动体验活动的"互动教学区"，可以让大一点的孩子参与"文化创意发展"，在参与过程中体验传统文化；展览书籍和文化创意产品的"家长等候区"让家长在等候孩子的同时了解故宫的历史文化。同时，文创体验店提供免费的手工制作课程供顾客体验，消费者可以根据自己的喜好制作个性化的产品。这种将手工艺、免费课程和商品销售相结合的体验课程模式，不仅传播了文化，也给消费者带来了新的体验。通过产品内容和体验形式的多样化、生动化，进一步提升服务水平，促进旅游文化传播和特色文化创意产品研发。

随着互联网的不断发展，旅游文化创意产品的品牌形象需要与时俱进。旅游文化创意产品的品牌年轻化是以年轻人为目标，从品牌理念、传播渠道、营销方式、线下活动四个方面打造紧跟时代发展的旅游文化创意产品品牌形象。品牌年轻化是品牌的自我提升。只有紧跟时代步伐，保持品牌年轻，消费者才能认可和喜爱。

（二）区域特色旅游文化与旅游文化创意产品设计的融合

中共中央、国务院印发《乡村振兴战略规划（2018—2022年）》，指出实施乡村振兴战略是建设现代化经济体系的重要基础，是建设美丽中国的关键举措，是传承中华优秀传统文化的有效途径。因此，在区域经济发展的同时，如何将优秀的地方文化与经济建设相融合，有效避免全国城乡建设因地制宜"趋同"的弊端，是当前亟待解决的问题。乡土文化作为中华民族的宝贵财富，蕴含着地理景观、历史文化、民俗风情等资源。一方面可以提供区域经济发展所需的精神财富和文化氛围；另一方面，地方文化与区域经济社会的融合可以直接产生社会经济效益，促进生产力发展。

1.探索地方旅游文化创意设计的途径和方法

（1）"同质化"的普遍性

游客的"游"与"购"是推动区域经济发展的必要条件，是景区可持续发展的绝对力量。旅游业作为拉动旅游经济的重要手段之一，长期以来一直因设计雷同、品类混乱、缺乏创新而受到游客的诟病。设计者往往忽视旅游产品与旅游目的地多样性特征之间的关系。文化创意产品同质化虽然无法完全避免，但文化创意设计在如何"知其物，见其景"给游客一种与其他景区有着深刻不同的体验方面，起到了不可替代的作用。

（2）坚持"地方特色"原则

"文化是旧传统的价值守护，文创是新生活的时尚创造。"故宫文化创意产品的成功案例，将故宫原本保守的形象宣传，转变成了一种更加"温度敏感"的传承方式。而故宫文化的非通用设计元素，如何借鉴已经商业化使用的成功案例，如何提取地方文化的特色信息，是探索"非同质化"文化创意方式的重要手段。相反，如果简单模仿别人的案例，就会失去旅游文化和创新对促进区域文化和经济发展的意义。因此，如何将本土材料有效地运用到文化创意设计中，是目前亟待解决的问题。

（3）增强对"产品外观"的欣赏

与景区不同，经济欠发达地区的特色，如美景、历史、人文、风土人情等，往往因信息闭塞等原因难以普及。沈从文用《边城》的故事来推动湖南湘西的旅游。文创产品可以用直观的视觉效果来表达文化背后的故事。因此，如果当地的文化材料运用得当，文化创意产品本身就是最好的宣传。

（4）注重"产品类别"的实用性

从产品研发的角度来看，文创产品本身要实用，要兼顾文化内涵的诠释，做到从实用功能到文化沉淀传播的微妙转变。从实用性来看，文化创意产品通常可以分为装饰性产品和日常用品，成功的文化创意产品可以兼顾观赏性和实用性。因此，设计师和开发商应避免因游客素质粗糙或功能单一而导致的"一次性消费"现象。

（5）地方文化创意设计模式构建

在文化创作成功案例的基础上，根据景观和人文的属性，将地方文化素材的提取归纳为：自然景观、特色建筑、方言文化、民族文化。根据用户需求，载体产品定位从：实用性、欣赏性、知识性等多方位需求。通过"文化创意内涵差异+产品属性差异"，探索文化创意产品设计的"非同质化"途径；通过文化背后的故事，传递本土文化的内涵，市场进行效果检验和反馈,打造"文化创意"品牌,推动区域经济。

2. 地方文化元素的提炼与应用

(1)自然景观元素的应用

自然景观是特定地域空间中各种景观元素的有机组合,其独特性是形成地域文化的关键因素之一。比如苏州博物馆以贝聿铭的景观设计主题为背景,在百年诞辰之际,联手自主品牌"自然家"推出的"山水间·文具置物座";高耸的山峰以单个木片的形式展示,底部条纹所表达的"水"元素使产品的储物空间灵活多变。简单实用的文创产品深受设计爱好者和消费者的喜爱。

在实践过程中,可以从当地特有的山水等自然元素中单独或整体提取相关元素,结合景观背后的故事,整合景观的时空序列概念,使设计多样化。以永州市美丽乡村建设的典型范例"香零山村"为例,融合景观空间元素和季节色彩变化,运用"立体造型平面化"的方法,将平湖四季风光以影像写实的手法应用到"磁铁书签"等实用产品和日常生活中。各种元素形式与不同产品载体的有机结合,将形成一系列文化创意产品设计的差异化构成,达到审美多元化的目标。

(2)特色建筑元素的应用

它是建筑景观的一部分,但不同于自然景观,它包含空间异质性和地域特征,反映了社会、文化和居民之间的关系,传达了该地区悠久的文化传统。铁窗花是中国台湾省美丽的风景和特色的老房子。老屋岩工作室将搜集到的窗花图像变成明信片,通过手写和邮寄的过程传递温暖的乡愁。

建筑元素的提取,通常是建筑装饰、建筑外观等元素,包括建筑彩画、雕刻、建筑外观线条等。被简化并转换成视觉符号以应用于产品中。作者借用清同治年间修建的观音阁的"景"为主线,以"双江汇西奔,诡怪潜坤珍"的"险"为立体框架,将"每逢涨水,白天鸣钟,晚上点灯,使人知警"的背景故事融入文创灯的设计中,使产品兼具实用性和观赏性,丰富了产品的知识。

（3）方言文化元素的应用

它是方言文化的活化石，是民族文化的有机组成部分。俗话说"十里不同音"，每一种地方方言都是区别于其他地域文化的主要载体，是展现地方文化的客观元素，承载着地方文化的本真与自然气息。然而，在崇尚"共同语言"的现代社会，散居、民族地区的方言正逐渐被普通话所取代，方言文化也面临着消亡。"我眼中的杭州手信"文创设计大赛获奖作品"印象杭州·方言"，将杭州方言的文字以几何图形的形式拆分组合成杭州风景，很好地宣传了杭州的风土人情。

方言元素的运用通常是对有特殊读音的汉字进行直译，以传达方言的魅力；重组符号、线条等元素，增加产品设计的"异质性"。团队将方言与永州风韵相结合，将"马拉古"（译：小石子）、"晓了显火"（译：很厉害）等方言与象形符号（石头、火）结合，选取元素的代表色彩，运用到文创背包的设计中。在满足产品实用性的基础上，增加了方言带来的旅游趣味性和观赏性。

（4）民族文化元素的运用

地方民族文化是当地人民生存发展的精神支柱，是生活最真实的写照，是游客了解和认识景区当地"民俗"的载体。民族文化元素的运用要考虑：①提炼民族精神、宗教神话、传统习俗的内涵；②吉祥图案、图案等"形"的应用；③建筑色彩系统、服装色彩系统、装饰色彩系统等"色彩"的应用。目前市场上畅销的摆件或装饰品，如历史人物的卡通丝绸人物、钥匙扣等，充分展现了民族文化的"形"与"色"，与人物或事件背后的历史相融合，使文化创意产品具有文化特色，更容易引起审美共鸣。

中国的民族文化具有明显的地域特征。经过长期的历史变迁，不同地区之间的文化交流、借鉴和融合，区域文化既有趋同性，又有各自的特点。以永州瑶族文化为例。瑶族是生活在永州的一个古老的民族。其自然风光、民俗风情、服饰、节庆等地方文化特色独特而深厚，是应用民族文化元素的理想设计素材。以瑶族长鼓的造型为载体，以红黑两色为基调，象征着多彩的瑶族文化和瑶族人民"坚忍不拔"的精神，结合瑶族特色图案，设计出具有浓郁地方文化特色的茶具，赋予生活用品以民俗风情和民族内涵。

旅游文化创意产品是区域旅游发展的重要组成部分，是地方文化传承和传播的重要载体。在"乡村振兴"战略背景下，将本土文化元素运用到旅游文化创意产品设计中，对于欠发达地区文化、社会、经济的协调发展具有重要意义。因此，设计师不仅要扎根地方，了解文化的本质，还要创新设计理念，优化载体，赋予文化最生动的形式。为了更好地传递地方文化信息，成为促进区域经济快速发展的有效措施。

四、文化创意与旅游业融合创精品案例

文化创意与旅游业的融合给旅游业带来了前所未有的生机与活力，扩大了旅游业的发展空间，延长了旅游产业链，促进了产业结构的升级与转换，丰富和催生了新型旅游形态。近年来，全国各地积极推进文化和旅游融合发展，创造了众多的精品项目、典型案例，本部分以上海迪士尼乐园为例进行探讨。

文化主题公园不仅是一个乐园，更是一个博览园。主题园注重文化内涵的展现，一般以相对完整的故事为线索进行相应展开，在园区内通过逼真的设计制作，将具有观赏性、娱乐性、体验性的游乐设施和项目打造成为吸引游客的旅游景点。文化主题公园已成为旅游业和文化创意产业互动发展的亮点和典型代表。世界各国和各地区为了提高自身的经济实力和竞争力，将发展文化旅游业作为一个着眼点，策划并建造了一系列主题公园，其中最为典型的成功案例就是迪士尼乐园。上海迪士尼乐园作为中国第二座迪士尼文化主题乐园，不仅可以让游客身临其境、尽情欢愉，还满足了他们对于旅游体验性、参与性等的文化需求。

（一）迪士尼乐园发展历程

21世纪是一个高速发展的信息时代，科技创意在这个时代得到了很好的展现。文化创意凭借现代高科技手段的支撑物化成各式各样的文化产品和服务，实现了文化产业发展的创意转换和价值实现。迪士尼乐园就是一个文化创意依靠科技与旅游业高度融合的、富有创意而又充满新鲜感的旅游综合体。科技创意在文化产业的广泛应用和融合，不仅能够使文化产业和文化产品的表现方式得到高效和大范围扩展、文化产业整体发展链条不断延伸，还能够进一步形成新的文化消费热点和文化市场，推进文化产业新兴业态的出现与发展。文化旅游就是科技、旅游与文化产业的无缝融合，营造文化主题体验式的园区创意因子是使文化产业和旅游业高度融合的催化剂，创意立足于丰富文化资源的基础之上，借助高科技的支撑完成产业的转化，并给游客带来不同的感官体龄、科技享受和文化盛宴。

首座迪士尼文化主题乐园于1955年7月17日在洛杉矶正式建成，它标志着迪士尼公司的经营范围从纯粹的文化产品产业扩张到相关的主题公园文化旅游业。1982年10月1日，新建成的埃布克特迪士尼世界中心正式开放，吸引了众多来自世界各国的游客。迪士尼基于对"未来世界"的设想，用科技打造高魔幻的未来世界，把动画片所运用的色彩、刺激和魔幻等表现手法很好地与主题游乐园的功能相结合，园中的一切，从环境布局到娱乐设施都处处体现着迪士尼童话主题由于科技的日新月异，迪士尼乐园也无时无刻不在发生着变化，迪士尼文化主题乐园将最新的科技和创意引入园区，巧妙地融合了现代科学技术手段，以文化创意为核心，以历史和未来交融、现实与虚幻重叠的手法，运用现代计算机、自动控制、数字模拟与仿真、数字影视、声光电等高科技手段，实现了文化、艺术、科技和创意的完美结合，营造出愉悦舒适的园区环境，先进完善的科技后盾使各种活动以交互、参与和体验的方式给游客带来新鲜、刺激、欢乐的全新体验和参与经历。

进入园区，活泼轻松的音乐在四周环绕，让游客立即感受到愉悦、舒适的园区环境，映入眼帘的是一个个童话城堡及道路两边可爱经典的卡通形象出现在动画片和科幻影片中的幻境被搬到了现实之中，在视觉和听觉的双层享受和冲击之中，人们仿佛化身成为城堡中的卡通人物，来体验卡通世界的生活。园区工作人员身着卡通形象的服装，保证了园区整体环境的内化统一，从而为游客提供了一个完整的童话乐园。迪士尼乐园由多个主题项目区和场馆组成，拥有国际一流的高空飞翔仿真体验项目"飞越极限"、大型动感太空飞行体验项目"星际航班"、火山穿行历险项目"维苏威火山"、玛雅主题大型历险项目"神秘河谷"、恐龙灾难体验项目"恐龙危机"等。

　　在"星际航班"太空飞行体验项目中，人们在高科技手段的支撑下，可以感受到模拟的太空失重状态，加之声光电的巧妙运用，还可以体会到光速来于无涯宇宙和恒星之间的速度感，与流星、彗星同行，一起探寻太空的奥秘，在逼真舒适的模拟太空舱里，既可以感受浩瀚宇宙星空带来的视觉冲击，也可以尽情投入惊险刺激的模拟星球大战中，在音乐和声效的衬托下，用文化与现代科技的碰撞与融合创造出震撼的艺术效果，为游客营造出身临其境般、如梦似幻的太空场景。

　　通过"生命之光"这一游乐项目，游客可以在巨幕电影《生命之光》宏大的画面和气势之中感受到生命的无穷玄奥，在生命起源到人类出现的历史长河中寻找未解谜题的答案，在叹服大自然壮美和神奇的同时，体验巨幕立体电影带来的震撼，文化娱乐项目利用现代科技手段将各种复杂枯燥的文化和科普知识转化成为一个个寓教于乐的游乐项目，这类项目最大的吸引力就在于这种独特的教育和文化传播的方式带给人们的神奇、快乐的感官享受。

　　"太空任务"是迪士尼世界与美国国家航空航天局共同打造的一项非同寻常的游乐项目。迪士尼世界负责公共关系的杰弗里介绍说，"太空任务"能够帮助人们感受宇航员的真实体验，整个游乐项目模拟了一次太空飞船从地球升空飞向火星的探险之旅，游客从进入飞船开始，就可以真切体验到宇航员所面临的一切,包括升空时的增压和太空中的失重状态等。为了让整个体验过程逼真、可信,迪士尼开发人员与美国国家航空航天局通力合作,不放过任何细小的环节。

"试车轨道"则是迪士尼世界与美国通用汽车公司联合设计制造的一项游乐项目。它的新颖独到不仅在于其高低起伏、充满惊险刺激的车道,还在于其为驾驶者模拟了汽车公司的试车环境,甚至还将汽车的撞击试验融入其中,起到了寓教于乐的作用。而最高可达60英里(接近100千米)的时速,也足以让每一位体验者充分感受到风驰电掣的快感。

正是因为有了无数这样或那样的科技创意,迪士尼文化童话王国才会充满活力和乐趣,乐园内的各项文化产业链依靠科技创意得以实现和延伸,科技创意为迪士尼文化产业的发展提供了强有力的技术保障和支持。同时,科技创意与各种文化产品和文化服务的深度结合极大地刺激了消费需求,给文化产业带来了新的发展机遇基于文化基础之上的科技创意不断激发文化产业的深层潜力,挖掘文化产业所具有的价值,推进文化产业发展的技术性创新,科技创意已成为提升文化产业核心竞争力的重要手段和技术保障。

1983年4月15日,为日本创下巨额利润的东京迪士尼乐园对外开放。

2005年9月12日,我国第一座迪士尼主题乐园——香港迪士尼乐园正式对外开放。目前,迪士尼分别在美国佛罗里达州和南加州及日本东京、法国巴黎和中国香港五个地区建立了独具特色的迪士尼文化主题乐园。我国第二座迪士尼——上海迪士尼乐园于2016年春季正式运营,并在上海举办为期数日的盛大开幕庆典上海迪士尼乐园处于上海国际旅游度假区核心区域,投资规模约340亿元,总规划范围面积为7平方千米,其中一期建设的迪士尼乐园及配套区占地3.9平方千米,面积约为加州和东京迪士尼的2倍、香港迪士尼的3倍。上海迪士尼乐园是一座神奇王国风格的主题乐园,包含六个主题园区:米奇大街、奇想花园、探险岛、宝藏湾、明日世界、梦幻世界。每个园区均有各自独特的花园、舞台表演和游乐项目,为游客带来许多前所未有的体验。

（二）迪士尼乐园的成功经验

迪士尼乐园抓住了人们向往幸福快乐的心理，将无法触摸的幸福快乐以实体的形式创造出来，不计成本地打造人性化设施和服务，让游客们获得了心灵上的喜悦与满足，对迪士尼乐园留恋不已。

1. 准确的市场定位

迪士尼乐园在创建之初就明确了"迪士尼乐园世界上最快乐的地方"的市场定位，为了满足人们渴望得到放松和欢乐的消费心理需求，紧紧围绕"快乐"这个主题提供游乐产品与服务，为游客提供尽可能多的快乐体验，迪士尼乐园旗下众多成功的动画影视作品被广泛引入乐园中来，孩子们被充满乐趣的游乐活动、可爱的卡通形象吸引，而成年人也似乎回到了童年，重温童年时的美好时光，实现儿时未能实现的童话梦、迪士尼乐园把快乐变成了真实的产品，以商品的形式兜售给游客。

2. 高质量人性化的服务

迪士尼乐园里处处可见体现人性关怀的人工服务与硬件设施，每位员工入职前都必须参加迪士尼大学的严格的课程培训，学习怎样为游客提供细致入微、充满人性关怀的高质量服务，为游客营造出舒适快乐的游乐氛围，高质量的人性化服务是游客能够在迪士尼乐园时刻拥有快乐心情的强有力保证，为迪士尼乐园树立了良好的品牌形象，提升了游客对品牌的忠诚度。

3. 愉悦舒适的园内环境

进入迪士尼乐园大门，游客就被亲切、愉快、舒适的环境气氛包围，迪士尼公司旗下经典卡通人物的热情迎接、轻松活泼的音乐、以往只存在于影片中的梦幻场景、工作人员体贴周到的服务、干净整洁的卫生环境，所有的一切，都让游客流连忘返。此外，为保证内外环境的统一性，迪士尼乐园甚至不惜改造乐园周边环境以期为游客提供一个完整的童话乐园。

4. 新鲜刺激的体验与参与经历

在迪士尼乐园，游客不仅可以获得视觉和听觉上的享受，更能体验童话人物的日常生活。这里拥有世界上最先进的电动游乐设备，将各种枯燥的科学知识变成游客手中的玩具及趣味项目，寓教于乐，让游客在感受科学带来的神奇与快乐的同时，还能够了解相应的科学知识。各种应接不暇、新鲜刺激的体验与参与活动，让游客们得到了无尽的欢乐，也让迪士尼乐园成为全世界游客逗留时间最长的主题乐园。

5. 先进完善的科技后盾

迪士尼乐园的发展与美国科学技术的创新发展是同步进行的，乐园内实时更新与增加的娱乐项目是美国先进科技的完美展现，正是有先进科技作后盾，迪士尼乐园才能时刻保持游戏的刺激性与游客的新鲜感，不断更新游乐项目给游客带来最新体验，并使其保持长久的兴趣，成为一个百去不厌的快乐乐园。

上海迪士尼文化主题乐园是对文化产业与旅游业、科技创意无缝融合的完美阐释，具有科技含量较高，技术水平先进，虚实景完美结合，科幻、动漫等高科技元素与中国特色文化互融交合等特点，项目内容涵盖现代科技、未来科技、科学幻想、神话传说、综合表演等多个领域，营造了让游客身临其境的体验园区，处处体现着当今国际一流的文化产业发展理念和科学技术手段的应用。迪士尼乐园的成功运作促进了当地文化科技产业的蓬勃发展，并逐步在中国市场建立了自己独特而又强势的文化科技品牌。

迪士尼文化主题乐园是文化旅游业发展的一个具有里程碑意义的成功典范，但是，由于经济发展水平、文化价值观念及消费理念的不同，在文化旅游主题乐园的建设和发展上，我们不能一味地模仿与复制，而应该以我国的实际情况为前提，在充分学习国外优秀文化项目的先进经营管理理念的基础之上，充分汲取精华、积累经验，实现文化产业和旅游业发展的双重价值。坚持文化创意和旅游业的无缝结合，使两者的界线日益模糊，将旅游业的内容和表现方式不断多样化、使旅游业的发展和实现手段更具文化内涵和文化附加值，从而打造出具有中国民族特色、符合国内游客审美习惯和消费心理的中国式主题公园。此外，在激烈的市场竞争中，文化旅游要想获得长足的发展，必须在其他外在条件相同的情况下，不断加大科技创新、文化创意等方面的投入，引进先进的科学技术，加强创意人才的培养，提高科技和文化的原始创新能力，形成具有自己核心竞争力的文化旅游创意资源。

第三节　豫剧文创产品设计案例

一、豫剧文化概述

1. 豫剧的文化渊源

关于豫剧的起源，有简明和概括两种观点——"本土说"与"西来说"。河南"本土说"史学家认为，豫剧起源于河南，由地方戏曲演变而来。"西来说"的河南史学家认为豫剧是从秦腔东传或从诞生于豫陕晋交界处的山陕梆子发展而来的。随着研究的深入和大量数据的证实，豫剧起源于河南。

由于不同语言发音的差异，豫剧形成了以商丘为中心的豫东调、以洛阳为中心的豫西调、以开封为中心的衰落的祥符调和流传于豫东南沙河流域的沙河调四个具有地域语音特色的艺术流派。

2. 豫剧的特点

豫剧最大的特点就是戏曲中有很强的地方唱腔特色。其唱腔铿锵活泼，善于表达人物内心情感。剧情的内容大多与普通人有关。如果有关于帝王将相的人物，情节内容的编写也是站在普通人的立场。文人之一的范子廷说：戏曲剧本是写给推大车、挑担、箍漏锅的、卖蒜的人看的。所以豫剧的观众大多是普通人，它的歌词简单、直白，带有浓厚的生活气息，很容易让观众产生同感。

其次，豫剧的剧种多以唱腔为主，大型歌词充分展现了其唱腔的铿锵气息。一部剧里有很多歌词来表现唱功，所以俗话说"宁唱十句戏，不道一句白"。

二、体验设计在豫剧文化创意产品中的重要性和必要性

体验经济时代是经济发展的必然趋势。体验设计会融入社会的很多行业，给很多行业带来新的活力。文化创意产业作为一个新兴产业，目前受到很多国家政策的支持，也不例外。文化创意产品是文化创意产业在产品设计上的发展。在体验经济的背景下，文化创意产品必然与体验设计相结合。豫剧有着深厚的文化底蕴，其进一步发展也可以顺应时代，向文化创意产品方向横向发展，拓展发展路径，创造新的价值，满足现代人对美好生活的精神和物质需求。在文化创意产品开发的道路上，也将融入体验设计。

1. 体验设计在豫剧文化创意产品中的重要性

体验在豫剧创作产品中的重要性在于两个方面：一方面，它促进了豫剧文化的传播。豫剧文化创意产品中的体验融合，让豫剧文化创意产品更容易深入人心。他们在艺术层面上处于一种高层次的状态。它们能够满足消费者的心理和物质需求，吸引众多消费者的关注，轻松赢得市场的认可。在这个过程中，产品也传递着豫剧文化的内涵和魅力。消费者可以通过这些文化创意产品了解豫剧文化的深厚底蕴，同时满足消费者的精神需求。

另一方面，豫剧文化在广泛传播的同时，也会给社会带来巨大的反响。消费者将从这些文化创意产品中学习产品的文化内涵，提高文化素养，增强对豫剧文化的保护和传承意识。例如，之前爆红的文化创意产品

"口红"胶带在互联网上流传，网友可以自己对国际品牌化妆品进行了DIY翻新，出现了一批带有浓郁"中国风"的产品，打败了近年来国际品牌生产的所谓"中国风"产品。

2. 豫剧文化创意产品中体验设计的必要性

体验设计在豫剧文化创意产品中的必要性也体现在两个方面：一方面可以提高在同类文化创意产品中的竞争力。近年来，传统戏曲的文化创意产品也在发展，如前面提到的京剧文化创作和昆曲文化创作。在人们重视文化创意产业发展之后，一些传统戏曲的文化创意产品也在发展，比如将体验融入文化创意产品的设计中，赋予产品独特的体验，以体验为核心，赋予产品互动性，满足消费者的体验需求和个性化需求，因此体验设计是增加文化创意产品竞争力的重要手段。

另一方面，体验设计在提升产品竞争力的同时，也相应带动了地方经济的发展，为美丽地方建设提供了另一个方向。提高产品的竞争力意味着增加产品的附加值。在经济社会快速发展的今天，人们的消费需求也随着生活质量的提高而变化，对物质的要求也相应提高。体验设计的融合恰好满足了整个社会的需求，反过来又带动消费，导致经济发展。

三、基于体验设计的豫剧文化创意产品设计实践

1. 基于体验设计的豫剧文化创意产品设计原则

将体验设计下豫剧文化创意产品的设计原则归纳为三个部分：独特文化、与消费者建立联系、迎合当下流行趋势。

（1）文化的独特性

文化独特性是指保持豫剧文化的独特性，文化创意产品融合的豫剧文化主题要具有独特性和代表性，即保持对豫剧文化的高度认同。保持豫剧文化的独特性，有利于豫剧文化的传播，人们可以清晰地了解豫剧文化，而豫剧的文化创意产品要有自己独特的文化，认可度高的文化创意产品在

设计和传播中会处于相对有利的地位。要保持豫剧文化的独特性，必须设计豫剧文化的符号，贴上自己的标签。总的来说，豫剧的文化创意产品要有自己独特的个性，才能受到人们的广泛关注和欢迎，更容易传播豫剧文化。

（2）与消费者建立联系

与消费者建立联系就是建立产品与消费者之间的互动交流，这里的联系是指两个方面，一方面是建立产品与消费者之间的自觉联系，另一方面是建立产品与消费者之间的行为联系。

①建立意识层面的联系

在意识层面建立联系，意味着消费者在使用产品的过程中，在意识层面与产品进行沟通。随着经济的发展，科技的进步和物质的丰富，人们的生活质量有了很大的提高。对一些材料的需求不仅仅是基本实用功能的层面，还有心理层面。豫剧文化创意产品在实现了产品的基本功能后，要加入意识的因素，在心理和精神层面找到与消费者沟通的最佳方式，建立消费者与产品之间的意识连接，让产品更具人性化。

②建立行为联系

建立行为联系是指消费者在使用产品的过程中，在行为上与产品进行互动，并在此过程中感受到愉悦的体验。在体验经济的环境下，很多产品已经能够吸引消费者主动与产品互动，不再是消费者使用的简单工具。豫剧文化创意产品在行为上与消费者建立联系后，能够让消费者对豫剧文化有更深的了解，获得更多的知识，提高消费者对产品的满意度，为消费者提供立体的消费体验。

（3）顺应当下时尚潮流

设计是面向社会和市场的，需要研究当下人们的生活方式和思维方式及整个市场的产品趋势，从而设计开发出符合消费者需求的产品。这里目前的趋势也有两个方向，一个是指市场导向，另一个是指美与时尚的趋势。

①市场导向

在设计豫剧文化创意产品时，要注重市场导向，加强对市场和消费者心理的研究，通过市场调研分析优秀的文化创意产品，开发设计符合消费者需求的文化创意产品，满足消费者的购物需求。

②美与时尚的趋势

其实在豫剧文创产品的设计过程中，美学是首要考虑的。产品的美学除了基本功能，还能使消费者在视觉上有愉悦的感官体验，从而促进消费。考虑产品的美观，要注意把握时代潮流，与时俱进，吸引消费者的注意力，激发他们的购买欲望。文创产品时尚的外观和实用的功能，既是人们高层次生活认知和品质的体现，也是社会人群更加人性化的见证。在满足文化的基础上，对产品的外观进行艺术化处理，使其符合当下社会审美潮流，从而实现产品文化与创意、功能与艺术的统一。

2. 豫剧文化创意产品的相关性分析

（1）背景分析

据调查，目前市场上没有与豫剧文化相关的文化创意产品，这让我们在这方面有足够的发展空间，但同时也存在弊端。

首先，豫剧文化在文化创意产业上的空白，使我们能够在这个空间和可塑性更大的领域发展，即自主选择和发挥的权利更大，豫剧文化创意产品的首次发布也将受到更广泛的社会关注，这将为后续豫剧文化创意产品的发展奠定基础。唱腔是豫剧最鲜明的特色，也意味着豫剧的文化创意产品将与感官体验紧密结合。在体验经济时代，观众期待大量具有文化和情感的产品能够引发情感认同。要充分发挥豫剧文化的深厚资源，通过豫剧文化创意产品的传播，向公众传递豫剧文化和情感的信息。

其次，豫剧文化在文化创意产业上的差距也带来了劣势。因为这个差距，我们也失去了可以作为参考的坐标。豫剧文化创意产品的首次发布虽然能引起广泛关注，但也带来质疑和批评，褒贬不一。而且，在长期的发展过程中，豫剧文化在一些有形的文化资源上与其他剧种进行了融合，留下了难以寻觅的独特文化符号,导致文化研究和产品研发的时间较长,从而使得豫剧文化创意产品的品牌建设成为一项长期而艰巨的任务,从零开始。

再次,在文化创意产业发展的背景下,豫剧文创品牌将迎来机遇。豫剧文创产品的品牌发展可能会得到当地政府的大力支持。经核实,文化创意产品在河南的开发还是比较少见的。目前"豫有记"河南文创品牌只有一个,涵盖了河南所有文化的产品研发,豫剧文创品牌的发展可以与之合作。

最后,豫剧创品牌的时间段也是对其发展的威胁。如果产品开发和运营的机制稍有不当,品牌的发展就会停滞不前,人们对事物的好奇心和新鲜感的投入就会持续不足,对新事物的不断追求也将是品牌会遇到的困难。

(2)用户体验的心理需求

①功能要求

为了满足人们对产品日益高级的功能需求,产品不断升级以吸引更多的消费者消费,所以功能需求是体验生命周期开始时的第一需求。在使用产品的过程中,产品满足了消费者的功能需求,让消费者对产品越来越熟悉,体验的生命周期也从第一个吸引期过渡到第二个熟悉期。

②感官需求

随着社会科技和网络的不断发展进步,人们的生活水平也在慢慢提高,对生活物质水平的要求也在不断提高。人们不再单纯满足产品的功能需求,对产品的外观也有了自己的审美观念,我们都有追求美的权利,在满足了人的功能需求之后,体验开始向感官需求转化,体验生命周期的第二个熟悉期也在向第三个互动期过渡。

③互动需求

它处于体验生命周期的第三个互动期。消费者与产品的互动是相互的、互动的,消费者作用于产品,产品带给消费者的是情感的互动和传递，可能是快乐、控制、回忆等精神交流。

④情感需求

消费者与产品互动后，消费者会感到高兴或失望。这时，就到了体验生命周期的维护期。对于这款产品来说，喜悦或不满的感觉都会保持，过渡会持续到体验生命周期的支持期。作为一种物质，产品本身是没有感情的，但当它与用户建立关系时，它就有了情感联系，这就赋予了产品生命。对于用户来说，这个层面呈现的产品具有唤起用户记忆、满足用户自我感受、满足用户的功能。

从用户体验的生命周期图来看，设计师必然会期望用户体验是一个循环的、长期的过程，而不是一个线性的、一次性的过程。所以，如果产生了好的体验，用户体验的生命周期一定是长期的。

3. 豫剧文化资源在文化创意产品中的体验设计与应用

（1）五种体验形式下豫剧文化元素的运用

在五种体验形式下，无形文化资源和有形文化资源都可以利用。从感官体验来看，在非物质文化资源方面，风韵唱段、方言歌词、简单情节都是能很好表达豫剧的亮眼元素。通过声音的运用，即可以选择豫剧剧中的一个唱段或一句歌词与产品相结合，让用户从听觉的角度对豫剧文化有一个认知。品牌建立初期，在有形文化资源方面，应选择豫剧文化的独特符号进行提取和应用，让用户从视觉角度对豫剧文化有全新的感受。但将其应用于文化创意产品时，豫剧特有的符号缺乏现代性和表现力，需要对豫剧的符号元素进行提炼和改造，将这些元素扁平化，使其更具现代感和表现力，有利于豫剧文化元素的视觉传达，从而带给用户更强的视觉。

从思维体验来看，非物质文化资源可以是有形的。通过给出一句歌词或一个戏剧情节，引导用户在意识层面思考产品抛出的这一点，可以思考豫剧的文化内涵，从而加深对豫剧文化的印象。在有形的文化资源方面，元素不仅需要独特，还要选择大众熟知的元素与产品相结合，让用户在意识层面产生联想。但与产品结合时，需要将有形文化的元素恰当地应用，让产品准确地传达出要表达的相应文化，从而给用户带来类似回忆的思维体验。

从情感体验的角度来看，用户可以从感官、思维、行为及相关的体验形式中获得情感体验。当非物质文化资源与产品进行整合时，用户可以通过听觉和行为交互的方式获得心理和精神层面的情感交流，从而给予用户情感体验。在有形文化资源方面，由于当今时代的人们对戏曲的情感记忆仍然较少，有形文化资源的扁平化和行为的互动融合在一起，使用户与产品之间形成愉悦互动的有趣情境，体验愉悦的情感体验。

从行为体验的角度来看，产品在行为层面的体验强调的是用户与产品之间的互动参与。在非物质文化资源方面，选择的产品融合元素可以在意识和精神层面与用户互动。如果传播发生在意识和精神层面，那么非物质文化资源的要素可以在感官层面刺激用户，并以这种方式引导用户。在有形文化资源方面，元素可以与行为层面相结合。当产品与用户互动时，我们可以了解到相关的豫剧文化。有趣的互动带来行为体验，给用户愉悦的情感体验。

从相关经验来看，主要是豫剧文化创意品牌的建立。非物质文化资源除了被整合到产品中，还可以被音乐人改编保留其精华，让更多的人接受并演唱。在有形的文化资源方面，可以不断发现和挖掘其独特的豫剧符号，将其融入产品，不断创新和完善豫剧的文化创意品牌。

（2）设计成果的展示和表达

在分析五种体验形式设计方法的基础上，首先对豫剧文化资源中独特的文化元素进行精选提炼，其次通过变形的手段以另一种方式呈现豫剧文化，让消费者获得全新的体验。

在目前整理的豫剧文化资源中，首先要考虑豫剧的非物质文化资源。豫剧的唱腔相当特别。它的方言歌词和唱腔会让人知道它是豫剧，豫剧的剧目很多，最具代表性的就是《花木兰》。其次，非物质文化资源要素的选择要与相应的有形文化资源相结合。在有形的文化资源中，豫剧独特的绘画方法——翠花脸，陈素真等大师改进的旦角扮相，以及豫剧名家的代表作都颇具特色。最后，对有形文化资源中的元素进行加工，对线条进行提炼，对变形的形状进行简化和展平。提炼出的文化元素具有概括性和可识别性，便于消费者感官识别，有利于豫剧文化创意品牌的识别和推广。

在提取豫剧有形文化资源的元素时，要有意识地将它们进行几何化，以便在应用于产品时给人一种现代感，这将大大缩短产品与消费者之间的距离。然后将提炼变形得到的符号元素运用到具体的产品中，通过恰当地选择和合理地搭配，设计出豫剧文化和创作的成熟产品。

①翠花的脸

在"翠花脸"门铃的设计表达中，因为翠花脸谱想到了相应的唱段，所以选择了能发声的无线门铃。以感官体验、情感体验、行为体验的设计路径为指导，选取豫剧有形文化资源中的翠花脸哪吒脸书和无形文化资源中的《闹天宫》哪吒唱段开展无线门铃的创意产品设计实践，从听觉、视觉、行为等方面提升用户和豫剧的创意产品。

脸书符号的线条被提取和变形，并用于产品中。这种简单的几何线条造型可以在视觉上吸引消费者的注意力，尤其是看到内外门铃的对比时，让消费者可以清晰地了解豫剧文化。按响门铃后，用户听到的不是常规的"叮咚"提示，而是一个豫剧人物哪吒的咏叹调，唤起了消费者的听觉感受，视觉和听觉的感受鼓励消费者有一种愉悦和惊喜的体验。

豫剧产品与消费者的互动有两个方面，情感互动和行为互动。当你按门铃时，用户可以听到哪吒这个角色的咏叹调。在唤起用户听觉感受的同时，用户会不自觉地跟着哼唱，在行为上会与豫剧的文化创意产品产生互动。在听唱或哼唱的过程中，用户还会回忆或联想自己对豫剧的记忆或豫剧的一些特色，与豫剧的文化创意产品进行情感互动。

②常香玉代表骰子

在整理常香玉大师的代表作时，发现都是阶梯形的，于是选择了骰子。在"常香玉代表作"骰子中，《拷红》代表2，《花木兰》代表3，

《人欢马叫》代表4，《秦雪梅吊孝》代表5，"常香玉代表作"代表6。因为常香玉大师的代表作里没有一字戏，骰子里的1还是一个红点。

在本次设计表达中，以思维体验和行为体验的设计路径为指导，选取了常香玉的代表作《拷红》《花木兰》《人欢马叫》和《秦雪梅吊孝》作为设计元素，进行了娱乐和文化创作产品骰子的设计实践，促使用户在娱乐过程中从思维意识和行为方式等方面逐步加深对豫剧文化的理解。

当用户看到这个创意产品时，他们会对如何使用这个骰子有一个简单的想法。简单看了之后，他们就知道它的娱乐模式了。然后在娱乐的过程中，逐渐加深对豫剧文化的了解，加深对常香玉代表作的印象。这是一种在思维意识和行为层面共同作用于用户的体验。

③陈素真代表作弹珠

在整理陈素真大师的代表作时，发现它们排成了一个队列，这让我想起了娱乐中打乱重组加深记忆的游戏，于是选择了弹珠。弹珠上嵌有"陈、素、真、三、上、轿、宇、宙、锋、梵、王、宫"等字样，收文盒底部也有相关字样。

在代表性弹珠的设计表达上，作者以思维体验和行为体验的设计路径为指导，将作为"豫剧皇后"的豫剧文化与相关代表作品《三上轿》《宇宙锋》《梵王宫》，在娱乐文创产品弹珠中嵌入"陈、素、真、三、上、轿、宇、宙、锋、梵、王、宫"的字样，使用者在玩乐的过程中会进行思考和单个字相关的词语，即"陈素真"、《三上轿》《宇宙锋》《梵王宫》，而在娱乐之后进行收整会发现收装的盒子底部有相关字样，把弹珠进行放置时，会对豫剧文化一遍遍的加深印象，此产品亦是思维与行为的结合。

④旦角扮相水杯

旦角的女性化风格让人想起水，不同的女人看起来像一个人，所以选择杯子。在"旦角扮相"水杯的设计中，利用豫剧旦角大师不断变化的旦角装扮元素设计创意产品，选取金玉美大师和陈素真大师其中一位的改良装扮作为设计元素，将元素运用到产品中，杯底印有旦角装扮。在本次设计表达中，在行为体验和情感体验的设计路径指导下，将豫剧金玉美大师和陈素真大师改良的旦角服饰作为文创产品杯子中的设计元素。将旦角大师改良后的外观改造后应用到产品上，整个杯底都是印花的，杯底有不同的外观，比如不同风俗的人。随手拿起一个杯子，可以带给人不一样的惊喜感受，也可以印上朱色的墨垫使用。用户拿起杯子喝水后，放下，杯子和杯子之间的纸上就会弹出旦角样子的图片，会增加用户使用过程的趣味性，在过程中增加趣味性。

⑤旦角扮相梳子

在旦角扮相梳子的设计中，选择了陈素真大师的改良装扮作为设计元素。因为在整理文化资源的过程中发现它类似于梳子的形状，所以对它应用了元素。

在这个设计表达中，还采用了陈素真大师改进后的旦角外观作为设计元素，融合了感官体验和思维体验的设计方法。将陈素真大师改良后的旦角戏服进行提取和变形，是作者绘制的"戏服"梳子的一种简单的包装形式，可以在视觉上吸引用户，给用户带来感官体验。用户注意到产品后，可以联想到舞台上戏曲旦角的风采，带给他们思考的体验。

随着社会的不断发展，中国是一个快速发展的国家，人们对产品的需求也会不断变化，体验设计在提升产品竞争力中的作用也越来越明显。中国的文化创意产业也在不断发展。虽然还处于起步阶段，但在体验经济的背景下，体验设计在文化创意产品中的应用将是一个值得深入研究的设计课题。

参考文献

[1] 时吉光, 喻学才. 我国近年来非物质文化遗产保护研究综述[J]. 长沙大学学报, 2006(1): 9-11.

[2] 陈放. 创意风暴[M]. 北京: 中国盲文出版社, 2007.

[3] 韩养民, 韩小晶. 中国民俗文化导论[M]. 西安: 陕西人民出版社, 2002.

[4] 江绍雄. 创意撩人[M]. 北京: 中国传媒大学出版社, 2006.

[5] 刘锡诚. 非物质文化遗产: 理论与实践[M]. 北京: 学苑出版社, 2009.

[6] 严三九, 王虎. 文化产业创意与策划[M]. 上海: 复旦大学出版社, 2008.

[7] 苑利, 顾军. 非物质文化遗产的产业化开发与商业化经营[J]. 河南社会科学, 2009, 17(4): 20-21; 219.

[8] 朱炳祥, 崔应令. 人类学基础[M]. 武汉: 武汉大学出版社, 2006.

[9] 王颖, 施爱芹. 论博物馆文化创意产品开发设计的创新思路[J]. 包装世界, 2015(4): 86-87.

[10] 刘玉琪, 殷晓晨. 探究中国文化元素在当代产品设计中的应用方式——以两岸故宫文化创意产品为例[J]. 设计, 2016(9): 116-117.

[11] 张峻, 王明杰. 民间手工艺元素在文创产品设计中的应用研究[J]. 艺术与设计(理论), 2018, 2(8): 99-101.

[12] 熊晨蕾. 中国传统文化视觉元素在文化创意产品设计中的运用[J]. 艺术科技, 2018, 31(12): 193.

[13] 刘峰. 视觉元素在旅游产品设计中的运用[J]. 美术教育研究, 2016(16): 54.

[14] 马晶晶. 当代博物馆文创产品与产业的发展现状与对策探讨[J]. 吕梁学院学报, 2015, 5(4): 59-63.

[15] 马亚杰. 博物馆文化产品的创意设计研究与实践[D]. 郑州大学, 2014.

[16] 孙晓琳. 浅析产品设计中的文化符号[J]. 艺术与设计(理论), 2008(7): 132-134.

[17] 钟慧敏, 沈霞. 文化符号在产品品牌形象塑造中的应用[J]. 安徽商贸职业技术学院学报(社会科学版), 2011, 10(3): 41-43.

[18] 郝凝辉. 文创产品设计原则与方法[M]. 北京: 中国商务出版社, 2016.

[19] 李鑫. 浅析文化创意产品设计中传统元素的表现[J]. 美术大观, 2016(8): 140-141.

[20] 陈丹妮. 文创产品设计发展在生活语境中的价值体现[J]. 艺术科技, 2016, 29(10): 268.

[21] 高静静. 浅谈文化创意产品的设计创新[J]. 中国包装工业, 2015(17): 65.

[22] 张振鹏. 中国文化创意产品优秀特质及实现[J]. 求实, 2012(10): 73-76.

[23] 臧丽娜. 文化创意产业品牌传播案例研究——以山东为例[M]. 济南: 山东教育出版社, 2016.

[24] 程辉. 博物馆文创产业研究的现状、问题与方向[J]. 包装工程, 2019, 40(24): 65-71.

[25] 向勇. 中国文化产业人文内涵的问题与策略研究[J]. 艺术评论, 2009(9): 74-79.

[26] 张璋. 故宫博物院院长单霁翔: 以文化的态度"经营"文化[N]. 光明日报, 2012-5-15.

[27] 陈培瑶, 吴余青. 文化创意产品设计研究的现状分析[J]. 湖南包装, 2017, 32(1): 52-55.

[28] 张晓宇. 故宫博物院要去天猫和阿里旅行开旗舰店了[N]. 好奇心日报, 2016-4-22.